Gramática Expositiva do Chão

(Poesia quase toda)

Manoel de Barros

Gramática Expositiva do Chão

(Poesia quase toda)

Introdução por Berta Waldman

Ilustrações de Poty

2.ª EDIÇÃO

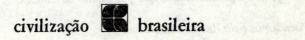
civilização brasileira

Copyright © 1990 by Manoel de Barros

Reservados pela
EDITORA CIVILIZAÇÃO BRASILEIRA S.A.
todos os direitos que lhe foram assegurados por contrato com o Autor

Desenho de Capa: FELIPE TABORDA, utilizando ilustração de POTY

Composição: ART LINE Produções Gráficas Ltda.

ISBN: 85-200-0068-1

1992

Todos os direitos reservados pela
EDITORA CIVILIZAÇÃO BRASILEIRA S.A.

Av. Rio Branco, 99 - 20º - Centro
20040 - Rio de Janeiro - RJ
Tel.: (021) 263-2082 Fax: (021) 263-6112 Telex (21) 33798
Av. Paulista, 2073 - Conj. Nacional - Horsa I - Conjs. 1301/2
01311 - São Paulo - SP
Tel.: (011) 285-4941 Telex: (11) 37209
Fax: (011) 287-6570/852-8904

Não é permitida a reprodução total ou parcial desta obra, por quaisquer meios, sem a prévia autorização por escrito da Editora.

Atendemos pelo Reembolso Postal.

*Para Stella,
querida companheira de toda a vida
e de toda a minha poesia*

Sumário

Poesia ao Rés do Chão - Berta Waldman............ 11

Poemas Concebidos sem Pecado (1937)............ 33
Face Imóvel (1942)............ 57
Poesias (1956)............ 73
Compêndio para uso dos Pássaros (1961)............ 121
Gramática Expositiva do Chão (1969)............ 151
Matéria de Poesia (1974)............ 177
Arranjos para Assobio (1982)............ 199
Livro de Pré-Coisas (1985)............ 225
O Guardador de Águas (1989)............ 273

Conversas por Escrito (1970-1989)............ 305
(Entrevistas)

A POESIA AO RÉS DO CHÃO

"Não sou biografável. Ou, talvez seja. Em três linhas.

1. Nasci na beira do rio Cuiabá.
2. Passei a vida fazendo coisa inúteis.
3. Aguardo um recolhimento de conchas. (E que seja sem dor, em algum banco da praça, espantando da cara as moscas mais brilhantes)." [1]

Atrás desse itinerário elíptico de vida, Manoel de Barros.vela os seus dias, como que assinalando ao leitor para o que, de fato, interessa: sua poesia. Mas ao velar, a elipse também alude ao homem de carne e osso que se esconde atrás das palavras mostrando-se concha, caracol colado à pedra, que, pela poesia, vai se transformando numa voz que institui os poemas, neles traçando o contorno de uma personagem. É, aliás, essa voz que vale ao crítico na medida em que compõe, junto com outros elementos, a estrutura do poema. Mas nela também reverberam obliquamente as "inutilidades" de que são feitos os dias e que tanto interessam ao leitor.

Nascido em Cuiabá, Mato Grosso, em 1916, filho de um capataz de fazenda que se tornou fazendeiro, deixando-lhe como herança terras no Pantanal de Corumbá, Manoel de Barros, depois de 1949, sai do Rio de Janeiro, onde vivia, para enfrentar o Pantanal, transformando-se em fazendeiro.

"Não foi difícil para a raiz pregar-se novo na terra de origem. Ela, a raiz, no Rio, estava plantada em vaso raso. Chegou então em sua terra e se deu bem."[2]

Ainda adolescente, Manoel de Barros entra em contacto com a poesia de Oswald de Andrade e a de Rimbaud que lhe apontam o caminho das rebeldias que sonhava praticar.

"Não queria comunicar nada. Não tinha nenhuma mensagem. Queria apenas me ser nas coisas. Ser disfarçado. Isso que chamam de mimetismo. Talvez o que chamam de animismo que me animava. E essa mistura gerava um aprodrecimento dentro de mim. Que por sua vez produz uma fermentação. Essa fermentação exala uma poesia física que corrompe os limites do homem.."[3]

É no interior de uma fala protéica, poliforme e rebelde que se inscreve, desde o princípio, a poesia de Manoel de Barros.

Apesar de ter vivido durante muitos anos no Rio de Janeiro e de ter experimentado a vida de grandes metrópoles (Nova York, Paris, Itália, Portugal, etc.), a matéria prima de sua poesia tem seus limites no chão pantaneiro. Não que o poeta seja cego à vida das metrópoles. Quando se pensa que criar mundos verbais é um gesto de rebelião contra a realidade, é uma forma de não aceitação da vida e do mundo tais como são, entende-se que a cidade tem até um papel importante na poesia de Manoel de Barros. Se na raiz da vocação poética há sempre este sentimento de insatisfação contra a vida, que faz com que o escritor a suprima para vertê-la em outra, feita de palavras, a cidade, nesta poesia, tem a presença do que é negado. Neste sentido, é sobre sua anulação que se reverte a matéria poética em natureza e sonho.

Por que Manoel de Barros escreve? A motivação do poeta está intimamente ligada ao sobre quê ele escreve: suas obsessões, seus "demônios", são conteúdos subjetivos convertidos, através da linguagem, em elementos objetivos, transformando uma experiência individual em generalidade. Desse modo, a biografia do poeta Manoel de Barros é a história de um tema e suas variações. Ao pretender organizar essa história, observa-se que há um rigoroso projeto que funciona como vontade unificadora, capaz de edificar um mundo autônomo, cujas constantes parecem proceder da infância. Esta constitui um núcleo de experiência decisivo para sua vocação, espécie de fonte primordial à qual outros elementos foram se juntando, até ir se constituindo o desenho emblemático e semovente do Pantanal.

Para melhor se entender o ponto de origem dessa história, chamo a atenção do leitor para o poema "A Voz de Meu Pai"[4]. Aí, o sujeito lírico desdobra sua dicção em dois registros: no diurno, ele se representa acuado, driblando passagem por entre os arranha-céus da cidade, varando "becos, bancos, buzinas", até, ao anoitecer, receber o batismo do mar - "vasta campina azul de água". Na mira do olhar antropomorfizado do oceano, o sujeito se recolhe:

"Fecho os olhos,
Descanso.
Os ventos levam-me longe..."

e desenovela-se o registro noturno, ligado ao sonho, à memória, ao inconsciente, conduzindo o sujeito ao passado que se esgarça em fragmentos: a casa onde nasceu, as crianças, os animais, os homens, a imagem e a voz do pai. Esta imagem, a mais forte do poema, flui do sujeito "como um veio de água saindo dos flancos de uma pedra" e conduz o filho para aqueles que serão os motivos de sua poesia: a infância, a natureza, o Pantanal.

Considerando que a figura do pai se representa no poema através de uma imagem líquida - "como um veio de água" -, imagem que aparece reiteradas vezes na poesia de Manoel de Barros ligada à criação poética,

"/.../
Começou a chover
Palavras desceram no enxurro" (5)

"A água passa por uma frase e por mim
Macerações de sílabas, inflexões, elipses, refegos
A boca desarruma os vocábulos na hora de falar
E os deixa em lanhos na beira da voz" (6)

pode-se dizer que a emergência da origem encavala *pai* e *poesia*.

"Sinto fluir de mim
como um veio de água saindo dos flancos de uma
[pedra,
a imagem de meu pai.
Ouço bem seu chamado.
Sinto bem sua presença.
E reconheço o timbre de sua voz:
Venha, meu filho,
vamos ver bois no campo e as canas amadurecendo
[ao sol,

> *a força obscura da terra que os frutos alimenta, vamos ouvi-la e vê-la;"*

Para manter-se enquanto unidade tensa, o par *paí* (origem e natureza) e *poesia* percorrerá a obra de Manoel de Barros, perfazendo o difícil caminho da busca da palavra que se ajuste, ao máximo, à sua matéria. Da palavra que se confunda com o poeta, da palavra necessária e insubstituível que, como a água, flua. Da linguagem que seja fluxo e refluxo, união e separação, atração e repulsa, correspondência, que roce as margens do puro existir de onde se possa adivinhar um estado de unidade do homem consigo próprio e com o mundo.

Sempre fiel a si próprio, pode-se dizer que a poesia de Manoel de Barros não evolui, amadurece. Sua coerência é como a da árvore que se transforma mas não se desloca. Essa coerência que tem por base a forte adesão à realidade, recortada miopicamente nos limites do chão, acabará por gerar uma dicção poética de espontânea naturalidade no uso de tons menores, sem grandiloqüência, que leva, no entanto, a simplicidade do requinte.

O desenho da origem ("a força obscura da terra") encontra a sua representação arquetípica no Pantanal que ganha dimensões de um mundo primitivo prenhe de riqueza visual, táctil, olfativa, universo permeável ao sonho, próximo ao aflorar do inconsciente.

Mais que referente geográfico, em constante decomposição e renovação, o Pantanal configura-se como um mundo fluido e circular onde a vida e a morte fervilham no rastro animal e vegetal. A transmutação da morte em vida não só afasta esses grandes temas de qualquer esquadro metafísico como cria deles uma imagem em permanente trânsito.

"Todos os seres daqui têm fundo eterno"[7]
"Era um ente irresolvido entre vergôntea e lagarto."[8]

Desse modo, a materialidade das coisas incorpora tanto o seu vir-a-ser, como o deixado-de-ser, situando-as num espaço *entre*, o que elimina a existência de seres únicos, já que qualquer um foi ou será outro. É esse movimento que configura a semovência do Pantanal que é lodo, água, miasma, ilimitado ("No Pantanal ninquém pode passar régua"⁽⁹⁾), amorfo e, paradoxalmente, útero de todas as formas. Analogamente, constrói-se a poesia de Manoel de Barros como um espaço sem limites claros, espécie de universo poroso onde se intertrocam os atributos humano, vegetal, animal e mineral.

"*Me abandonaram sobre as pedras infinitamente nu,*
    [e meu canto
Meu canto reboja.
Não tem margens a palavra.
Sapo é nuvem neste invento.
Minha voz é úmida como restos de comida.
A hera veste meus princípios e meus óculos."⁽¹⁰⁾

Descentrado o homem de seu papel de dominação sobre os seres da natureza, nivelado à condição de coisa entre coisas, miúdo, ele é submetido a uma ordem que vale para todos os seres. Todos, sem exceção, vivem, morrem e se transformam continuadamente, equivalendo-se em sua materialidade e em seu destino.

"*Com 100 anos de escória uma lata aprende a rezar.*
Com 100 anos de escombros um sapo vira árvore e
    [cresce
por cima das pedras até dar leite.
Insetos levam mais de 100 anos para uma folha
    [sê-los."⁽¹¹⁾

É o recúo àquilo que em nós é elementar que une a poesia de Manoel de Barros à ficção de Clarice Lispector. Aí, são também os animais e as plantas, seres que guardam maior proximidade com o intuitivo e o inconsciente, que conduzem a escritora ao núcleo primordial das coisas, num caminho em que a meta é o "neutro".

"O neutro é inexplicável e vivo, procura me entender: assim como o protoplasma e o sêmen e a proteína são de um neutro vivo. E eu estava toda nova, como uma recém iniciada. Era como se antes eu estivesse estado com o paladar viciado por sal e açúcar, e com a alma viciada por alegrias e dores - e nunca tivesse sentido o gosto primeiro. E agora sentia o gosto do nada. Velozmente eu me desviciava, e o gosto era novo como o do leite materno que só tem gosto para boca de criança. Com o desmoronamento de minha civilização e de minha humanidade, eu passava orgiacamente a sentir o gosto da identidade das coisas."[12]

O "neutro" é, então, a pura identidade, na qual se anula a diferença entre sujeito e objeto, ambos compenetrados numa visão recíproca, sem transcendência. Aí, um é para si mesmo aquilo que se espelha no olhar do outro. Cada um é agente e paciente ao mesmo tempo, isto é, uma existência é a existência do outro que ele já é em si mesmo.

A linha de equivalência entre a poesia de Manoel de Barros e a ficção de Clarice Lispector estende-se na direção de uma outra poesia: o do poeta Alberto Caeiro, heterônimo de Fernando Pessoa. O título do último livro do poeta matogrossense, *O Guardador de Águas*, alude claramente ao parentesco. O poeta de *O Guardador de Rebanhos* nunca guardou rebanhos, mas fará seus versos como se os guardasse. Essa representação duplicada que pretende pôr entre parênteses a experiência do homem urbano e moderno para relevar a propugnação da volta ao sensível é o ponto de origem de uma poesia altamente complexa. Por outro lado, embora o poeta Manoel de Barros viva no Pantanal, seu texto está longe de ser documental. Não é nunca *sobre* o Pantanal que se debruça sua palavra poética, mesmo quando o poeta dele apresenta um itinerário, como ocorre no seu *Livro de Pré-Coisas*. Em ambos os poetas, a natureza não funciona nem como cenário, nem como arsenal retórico. Ela é, isto sim, a matéria prima da poesia

Na crônica "O Uso do Intelecto" [13], Clarice Lispector afirma que a inteligência, se muito usada, transforma-se em vício, impedindo que se colham "as coisas de mão limpas, diretamente na fonte".

Assim também Caeiro, para quem o pensamento é prescindível:

> "*O essencial é saber ver*
> *Saber ver sem estar a pensar,*
> *Saber ver quando se vê*
> *E nem pensar quando se vê*
> *Nem ver quando se pensa*"[14]

Fazendo coro com ambos, Manoel de Barros, no rastro de Rimbaud, propugna a necessidade de "perder a inteligência das coisas para vê-las"

> "*via o mundo como a pequena rã vê a manhã*
> *de dentro de uma pedra*" [15]

> "*...*
> *Eu escrevo com o corpo*
> *Poesia não é para compreender mas para*
>   *[incorporar*"[16]

Os três escritores, cada um a seu modo buscará se achegar àquilo que Clarice Lispector chama de o "mais inalcançável" que, em princípio, excede o que a linguagem sabe ou pode dizer, extravasando os limites do dizível. Nessa busca, a lida de Manoel de Barros será ajustar o que nasce junto: matéria e forma; origem e poesia.

Em seu primeiro livro, *Poemas concebidos sem pecado* (1937), poesia em prosa, já se nota a procura de uma dicção particular, a partir do uso da linguagem regional trabalhada, com ecos da ficção de Guimarães Rosa. A eleição das personagens, na série "Postais da Cidade", incide sobre a gente simples que fará carreira ao longo da obra de Manoel de Barros. Um exemplo é Mário-pega-sapo, o vivente da Draga, que tinha os "bolsos de seu grande casaco estufado de jias".

Iniciada a trajetória de poeta, Manoel de Barros irá fazendo escola no aprendizado de "errar a língua" ("escrever é reaprender a errar a língua"), com o propósito de urdir um universo imagético próprio, de tal forma que o sentido se arme na própria linguagem que o constrói.

Se a matéria da poesia ainda é indefinida em seus primeiros livros, ela vai começar a se configurar com maior nitidez a partir de *Poesias* (1956), quando sobressai a figura porosa do Pantanal vinculada à infância do poeta, esta também, conforme se viu, forte matriz de sua poesia.

Para chegar ao chão pantaneiro, foi preciso domar e atravessar o fascínio exercido pelo mar, elemento que recobre uma faixa expressiva de vivência do poeta e que ocupa lugar importante em sua poética:

*"Por que deixam um menino que é do mato
amar o mar com tanta violência?"*[17]

Se a paisagem até então oscila entre a cidade (Rio de Janeiro) e o Pantanal, porque ainda se confrontam no espírito do poeta experiências díspares, se a linguagem recorre ainda a um léxico urbano onde se inclui o mar, a escolha do Pantanal instituirá daí para a frente a poética "porosa", desregrada e auto-referente, onde para conhecer as coisas será preciso sê-las, princípio partilhado com Jorge de Lima, cujos versos servem de epígrafe à poesia de nosso poeta:

*"Porquanto,
como conhecer as coisas senão sendo-as?"*

Para isso, é necessário romper os limites dos sentidos, deixar que seus atributos transmigrem aleatoriamente, e se fundam de tal forma que a apreensão da realidade pela fantasia destrua a ordem estabelecida pelo pensamento lógico. Como codificar e expressar essa subversão? Como chegar ao "mais inalcançável"?

Este tipo de poesia que busca aprofundar e dizer o sentimento singular, aludir ao que não tem sinônimo, mas é *index sui*, luta para se escrever sem a herança de regras. Como isso é impossível em termos absolutos, o poeta vai sempre testando a sua própria condição de possibilidade expressiva, incorporando as conquistas advindas da tradição e também das vanguardas, capazes de o auxiliar na difícil tarefa. É nesse sentido que entram nesse cadinho elementos da poética rimbaudiana, como também do dadaísmo, cubismo, surrealismo, embora essa participação não autorize rótulos ou classificações nem mesmo combinadas, porque a poesia de que se trata se constrói a partir de um alto grau de elaboração endogênica.

Para melhor aprender a "errar a língua" - da mesma forma que Joan Miró para desautomatizar sua pintura aprendeu a desenhar com a mão esquerda - Manoel de Barros fará incursões na linguagem infantil em *Compêndio para uso dos pássaros* (1961):

"*Vento?
Só subindo no alto da árvore
que a gente pega ele pelo rabo...*"

"*Quis pegar
entre meus dedos
a Manhã
Peguei vento...*"

"*No chão da água
luava um pássaro
por sobre espumas
de haver estrelas*

*A água escorria
por entre as pedras
um chão sabendo
a aroma de ninhos.*"[18]

 Animismo, a contenção do alto ("estrelas", "pássaro") no baixo ("chão"), neologismos ("luava"), uso de expressões feitas, clichês ("pegar vento"), umidade, viscosidade, são os elementos fortemente constitutivos dessa poesia que se irão calcando em traços de estilo.
 Como as sensações (e também o sentimento, as emoções) excedem o que a linguagem pode dizer, a rebeldia poética está em traduzir esse "mais inalcançável" em palavras, o que implica um modo de escrever apto a instaurar o que extravasa os limites do dizível. Se essa é a meta da poesia, em geral, a batalha sempre renovada de Manoel de Barros

é a de encontrar a *sua* dicção particular,que o habilite a "performar", ou a efetuar em sua forma isso de que trata sua poesia.

Assim, a viscosidade, o movimento coleante das águas, dos répteis e insetos, a profusão de cores, cheiros e formas, produzem impressões sensoriais ambíguas, disseminando, no nível da linguagem, uma enxurrada de imagens apoiadas na sinestesia.

*"Escuto o meu rio:
é uma cobra
de água andando.
por dentro de meu olho."* (19)

As águas do rio transfundem-se em "cobra de água" que já não flui, "anda". O sujeito escuta a imagem que seu olhar grava. *O eu* do poema é um sujeito que se determina e se expressa como conjugado à natureza a que apela e se refere sua expressão - o rio é internalizado, é parte constitutiva do sujeito. Por isso a relutância em usar o verbo "ver" isolado. Conhecer com os olhos implica manter uma distância entre o olho que vê e a coisa vista. "Ver", portanto, não comporta a absorção da matéria: o olho capta o objeto sem tocá-lo e senti-lo. A imagem que a visão elabora não decalca o modo de ser do objeto, ainda que de alguma forma o apreenda.

Para poder encostar a boca na matéria viva (esse o anseio maior) é preciso libertar o contemplado da consciência que o contempla. Por isso, o poeta transpõe os limites, avança os sinais da percepção e cria figurações sinestésicas do tipo "ver com o ouvido", "escutar com a boca", "escrever com o corpo".

Nesse campo de percepção onde os sinais se somam, a "boca", metonimicamente indicativa da palavra e figura recorrente na poesia de Manoel de Barros, aparece como "boca da terra", "boca comida de lodo", "limo na boca", "mato na boca", nunca a palavra na boca. Esta, o poeta a põe no esterco, de modo a impregná-la de matéria viva:

> *"Deixar os substantivos passarem anos no esterco, deitados de barriga, até que eles possam carrear para o poema um gosto de chão - como cabelos desfeitos no chão; ou, como o bule de Braque - áspero de ferrugem, mistura de azuis e ouro - um amarelo grosso de ouro da terra, carvão e folhas."* [20]

Revificada na terra, a palavra poética deve acompanhar a realidade em estado de metamorfose, juntando-se a ela. Para habilitá-la ao percurso dessa aventura, o poeta mutila a sintaxe, faz os verbos deslizarem para substantivos e vice-versa, incorpora palavras de uso regional que se trituram e se misturam a outras de tradição clássica, modifica o regime dos verbos, pratica uma verdadeira alquimia que plasticiza a linguagem, fazendo-a soar estranhamente cristalina e humilde.

Já no plano das figuras, ao aproximar realidades distantes, o poeta investirá na construção de imagens em que a ligação dos termos será de certo modo fortuita, provocando o atrito do qual jorra uma luz especial - aquilo que os surrealistas chamavam de *clarão de imagem*, cujo valor depende da centelha obtida que é função da diferença potencial entre os dois condutores.

"O homem tinha 40 anos de líquenes no parque

era forte de ave
gafanhotos usavam sua boca

> *quase sempre nos intervalos para o almoço
> era acometido de lodo*
>
> *à noite seria carregado por formigas até as
> bordas de um lago*
>
> *madrugada contraía orvalho nas escamas e na
> marmita''*[21]

Manoel de Barros elegerá também tanto fragmentos como vocábulos propositadamente cediços - aqueles que, à força de repetidos, perderam a carga emotiva, reduzindo-se a puros objetos, linguagem degradada, repetindo, no plano da poesia, a experiência cubista e surrealista das colagens (*papiers collés*). Usando os fragmentos e os vocábulos ao ponto de entulho, o poeta insufla-lhes a emoção artística através da promoção do objeto, que, colocado num contexto novo, irradia magicamente à sua volta um novo espaço artístico, onde ao fluente encadeamento lógico se substitui uma organização de choque. O brusco encontro de um pedaço de estopa com um arame e tampinhas de cerveja é, no plano plástico, o que na poesia seria combinar versos, expressões e vocábulos desemparceirados, com trechos de prosa vulgar. Toda a primeira parte da *Gramática Expositiva do Chão* (1969), por exemplo, é orientada dessa maneira. Vejam-se alguns exemplos:

> ''*prenderam na rua um homem que entrara na prática do limo*
>
> *lista dos objetos apreendidos no armário gavetas buracos de parede: pela ordem: 3 bobinas enferrujadas 1 rolo de barbante 8 armações de guarda-chuva 1 boi de pau/.../*

e mais os sequintes pertences de uso pessoal:

*o pneu o pente
o chapéu a maleta
o relógio de pulso
a caneta o suspensório
o capote a bicicleta
o garfo a corda de enforcar
o livro maldito a máquina
o amuleto o bilboquê
a abridor de lata o escapulário
o anel o travesseiro
o sapo seco a bengala
o sabugo o botão
o menino tocador de urubu
o retrato da esposa na jaula
e a tela"*[22]

Segue-se à "enumeração" acima, a "descrição da tela pelo Dr. Francisco R. de Miranda, amigo do preso", que, ao ser um projeto cubo-surrealista de um quadro, é também um texto poético:

"o artista recolhe neste quadro seus companheiros pobres do chão: a lata a corda a bôrra vestígios de árvores etc.

realiza uma colagem de estopa arame tampinha de cerveja

pedaços de jornal pedras e acrescenta inscrições produzidas em muros - números truncados caretas pênis coxas (2) e 1 aranha febril

> *tudo muito manchado de pobreza e miséria que*
> *se não engana é da cor encardida entre amarelo*
>
> *e gosma''*[23]

A reunião de elementos díspares num mesmo campo visual projeta as etapas de um quadro que se faz dentro do poema que é dado ao leitor. O primeiro é virtual, o segundo existe. Como eles intercambiam o mesmo processo de realização, ao aludir ao quadro o poema alude a si próprio, passando para o primeiro plano o seu modo de elaboração. Do ponto de vista da escolha dos materiais que compõem o quadro/poema, a eleição é clara: "*o artista recolhe neste quadro seus companheiros pobres do chão.*"

Embora a poética de Manoel de Barros se destaque da realidade empírica e suscite uma outra com sua essência própria, é essa realidade que lhe fornece os seus conteúdos. A eleição da pobreza, dos objetos que não têm valor de troca, dos homens desligados da produção (loucos, andarilhos, vagabundos, idiotas de estrada), formam um conjunto residual que é a sobra da sociedade capitalista; o que ela põe de lado, o poeta incorpora, trocando os sinais. Há nesse procedimento o protesto contra uma situação experimentada como hostil, que se imprime negativamente numa forma lírica que a exclui, ou que apenas inclui aquilo que é seu excedente.

> *"Tudo aquilo que nos leva a coisa nenhuma*
> *e que você não pode vender no mercado*
> *como por exemplo o coração verde*
> *dos pássaros*
> *Serve para poesia*
>
> *As coisas que os líquenes comem*
> *sapatos adjetivos*

*Têm muita importância para os pulmões da
poesia*

*Tudo aquilo que a nossa
Civilização rejeita, pisa e mija em cima
Serve para poesia."*[24]

Assim, a máquina, símbolo da produção, transforma-se na pena do poeta numa "Maquina de Chilrear", título emprestado de um quadro de Paul Klee, datado de 1922, a um poema inserido em *Gramática Expositiva do Chão*, pondo em cena um engenho que lembra as máquinas autodestruidoras de Jean Tinguely, já que funciona num sentido contrário ao da produção. O que não tem ou perdeu seu valor de troca é matéria dessa poesia.

Observe-se que ao fazer do poema um repositório de destroços e de inutilidades, ao usar uma linguagem desgastada, transfazendo tudo isso em poesia, Manoel de Barros opera a passagem cíclica da morte à vida, apontando para a constante mutação das coisas. A mesma mutação que ele persegue quando trata da natureza que tem no Pantanal seu lugar privilegiado. Fundindo terra e água (duas palavras-chave dessa poesia), em que a primeira é passagem obrigatória para o que nasce, se decompõe e renasce, e a segunda alimenta a terra, sendo assim fonte de vida e de regeneração, o Pantanal assume a forma mítica da criação do mundo no *Livro de Pré-Coisas* (1985).[25]

Nos primórdios

"Era só água e sol de primeiro este recanto. Meninos cangavam sapos. Brincavam de primo com prima. /.../ As coisas ainda inominadas. Como no começo dos tempos.[26]

O primeiro homem desta terra é Bernardo, aquele que "é muito apoderado pelo chão ", "que tem uma caverna de pássaros dentro de sua garganta escura e abortada ", que "com as mãos aplaina as águas."

Bernardo - o primeiro habitante da cidade pantaneira - é o andarilho que, com pequenas diferenças, atravessa a obra de Manoel de Barros. Ele "vem do oco do mundo" e para ali vai, remoendo caminhos sem sair do lugar: o mesmo dinamismo estático que o Pantanal contém em seu fervilhar de vida e morte.

Estabelecendo uma relação de pertença com o universo poético de Manoel de Barros, homem-árvore, acolhedor de horizonte, capaz de prender o silêncio, de lavrar a água e de encurtá-la, "Bernardo está pronto a poema" porque, além de homem-natureza, ele é também irmanado às inutilidades da civilização, estabelecendo a ponte entre os dois planos:

"De dentro de seus cabelos, onde guarda seu fumo, seus cacos de vidro, seus espelhinhos, - nascem pregos primaveris!"[27]

Como se vê, é difícil ler os poemas de Manoel de Barros sem que a imagem de uma contínua transfusão ocupe o nosso espírito: a lagartixa e a parede, o homem e a água, a boca e a terra, a criança e a árvore, a rã e a pedra, decorrem tão fluidamente um do outro, e tão generosamente revertem do homem ao animal, vegetal, mineral e vice-versa, que somos levados a habitar um tempo sem rupturas nem contrastes, anterior ao domínio da máquina sobre toda a natureza. Aí, a palavra deixa de ser vicária, não está no lugar de, a tal ponto que

"Um lagarto de pernas areientas medra na beira de um livro"[28]

enquanto lagartixas atravessam a palavra parede.[29]

Olhando a poesia de Manoel de Barros de uma perspectiva histórica, qual o seu lugar? onde situá-la?
Cronologicamente, ela se enquadra na chamada geração de 45 que inclui nomes díspares, apresentando, em comum, o pendor para certa dicção nobre e a volta, nem sempre sistemática, a metros e formas fixas de cunho clássico. É dessa geração que chegam até nós os melhores poetas da segunda metade do século e que lograram atingir, apesar do formalismo tacanho e estetizante que marcou o clima de então, um plano alto e complexo de integração.
Ora, a poesia de Manoel de Barros, com seus versos compassados por um controle delicado e aparentemente casual, experimentando uma conformação simbólica particular e modalidades de concreção diferenciadas, anda, com certeza, na contramão da poesia dessa geração.
Leitor assíduo dos clássicos portugueses (Vieira, Camões, Camilo Castelo Branco) que lhe emprestam muitas vezes o léxico e a sintaxe, Manoel de Barros, como todo artista consciente, só "erra" depois de ter feito um inventário dos processos da língua. Mimetizando o culto e o folclórico, o poeta zarpa para ousadas combinações, sonoridades e neologismos. Nesse sentido, sua poesia interage mais com a prosa poética de Guimarães Rosa que com a poesia propriamente dita da geração de 45. A exploração das dimensões pré-conscientes do ser humano, da memória, a fala inovadora vinculada às matrizes da língua, a psique infantil, o sonho, a loucura, o sertão "do tamanho do mundo", compõem um registro com o qual a poesia de Manoel de Barros tem muito a ver.
Além de Guimarães Rosa, Clarice Lispector e Alberto Caeiro, compõem — em diferentes graus — o horizonte de referências dessa poesia, Antônio Nobre, Raul Bopp,

Cesário Verde, Jorge de Lima, Murilo Mendes, João Cabral de Melo Neto, os poetas clássicos da Natureza, Paul Klee, Joan Miró, Tinguely, Giuseppe Arcimboldo, Heidegger, Sartre.

Do interior dessa interlocução feita de múltiplas vozes, "como um veio de água saindo dos flancos de uma pedra", flui a voz cristalina do poeta igual a si própria.

Chegados ao final do caminho, fica a sensação de que se está diante de um objeto em fuga e, desse modo, a intenção de apresentar não se completa. O certo é que o corpo inteiro da poesia só se dá na experiência funda e insubstituível da leitura. Para orientá-la, a indicação do poeta:

"Para entender nós temos dois caminhos: o da sensibilidade, que é o entendimento do corpo; e o da inteligência, que é o entendimento do espírito.
Eu escrevo com o corpo
Poesia não é para compreender mas para incorporar
Entender é parede: procure ser uma 'árvore."

Berta Waldman
Julho de 1990.

NOTAS

(1) Em entrevista a Antônio Gonçalves Filho, jornal *Folha de São Paulo*, 15 de abril, 1989, Caderno *Letras*, G.3
(2) idem nota (1)
(3) Em entrevista à revista *Bric à Brac*, III, 1989, p.36.
(4) Em *Poesias*, pp. 51-55.

(5) Em *Matéria de Poesia*, p.31.
(6) Em *O Guardador de Águas*, p.38.
(7) Em *Livro de Pré-Coisas*, p.44.
(8) Em *Livro de Pré-Coisas*, p.51.
(9) Em *Livro de Pré-Coisas*, p.31.
(10) Em *Arranjos para assobio*, p.16.
(11) Em *O Guardador de Águas*, p.18.
(12) Em *A Paixão Segundo G.H.* RJ, Ed. Francisco Alves, p.86
(13) Em *A Descoberta do Mundo*, Clarice Lispector. RJ, Nova Fronteira, 1984, p.604.
(14) Alberto Caeiro, "O Guardador de Rebanhos", poema XXIV.
(15) Em *Gramática Expositiva do Chão*, p.16.
(16) Em *Arranjos para assobio*, p.29.
(17) Em *Poesias*, p.38.
(18) Em *Compêndio para uso dos pássaros*, p.30.
(19) Em *Compêndio para uso dos pássaros*, p.16.
(20) Em *Matéria de Poesia*, p.20.
(21) Em *Gramática Expositiva do Chão*, p.14.
(22) Em *Gramática Expositiva do Chão*, pp.11-12.
(23) Em *Gramática Expositiva do Chão*, p:13.
(24) Em *Matéria de Poesia*, p.17.
(25) Somando a terra e a água, está a rã, outra palavra-chave da poesia de Manoel de Barros. Anfíbio que é, transita da terra para a água, além de armazenar em sua forma final o ciclo de suas metamorfoses. Afora a rã, a formiga, lesmas, o caracol, são freqüentes nesta poesia, seres minúsculos que vivem "indícios de ínfimas sociedades": paredes e lesmas, lagartos e pedras.
(26) Em *Livro de Pré-Coisas*, p.37.
(27) Em *Livro de Pré-Coisas*, p.41.
(28) Em *Arranjos para assobio*, p.50.
(29) Cf. *Matéria de Poesia*, p.50.

"*Não era normal*
O que tinha de lagartixas na palavra parede."

Bibliografia Consultada

1. HUGO FRIEDRICH, *Estrutura da Lírica Moderna*. SP, Ed.Duas Cidades, 1978.

2. GILBERTO MENDONÇA TELES, *Vanguarda Européia e Modernismo Brasileiro.* Petrópolis, Ed. Vozes, 1982.
3. THEODOR W. ADORNO, *Teoria Estética.* Trad. de Artur Morão, SP, Livr. Martins Fontes, 1970.
4. GANDIRA DE FÁTIMA ORTIZ DE CAMARGO, *A Poética Alquímica de Manoel de Barros.* Texto xerografado.

Obras do autor:

Poemas Concebidos sem Pecado, 1937, reeditado em *Matéria de Poesia,* RJ, Livraria São José, 1974.
Poesias, RJ, Irmãos Pongetti Editores, 1956.
Compêndio para uso dos pássaros, RJ, Livraria São José, 1961.
Gramática Expositiva do chão, RJ, Ed. Tordos, 1969.
Arranjos para Assobio, RJ, Civilização Brasileira, 1982.
Livro de Pré-Coisas, RJ: Philobiblion; Cuiabá: Fundação de Cultura de Mato Grosso do Sul, 1985.
O Guardador de Águas, SP, Art Editora, 1989.

POEMAS CONCEBIDOS SEM PECADO
(1937)

CABELUDINHO

1.

Sob o canto do bate-num-quara nasceu Cabeludinho
bem diferente de Iracema
desandando pouquíssima poesia
o que desculpa a insuficiência do canto
mas explica a sua vida
que juro ser o essencial

— Vai desremelar esse olho, menino!
— Vai cortar esse cabelão, menino!
Eram os gritos de Nhanhá.

2.

Um dia deu de olho com a menina
com a menina que ficou reinando
na sua meninice

Dela sempre trazia novidades:
— Em seus joelhos pousavam mansos cardeais...

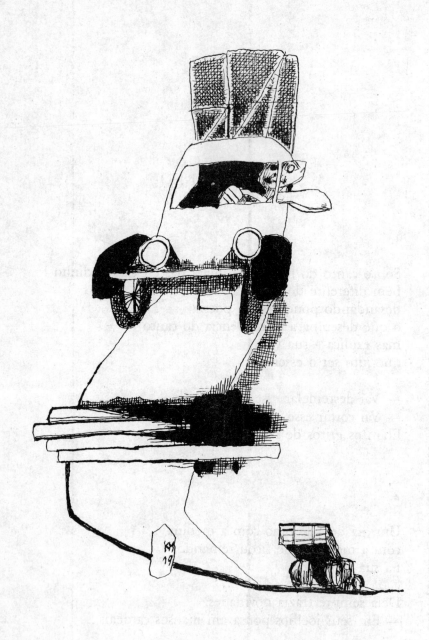

Está com um leicenço bem na polpa
quase pedi o carnegão pra isca de rubafo...

Dela sempre trazia novidades:
— A ladeira falou pro caminhão: "pode me
descer de motor parado, benzinho..."
Era o pai dela no guidão.

3.

Viva o Porto de Dona Emília Futebol Clube!!!
— Vivooo, vivaaa, urrra!
— Correu de campo dez a zero e num vale de botina!
plong plong, bexiga boa
— Só jogo se o Bolivianinho ficar no quiper
— Tá bem, meu gol é daqui naquela pedra
plong plong, bexiga boa
— Eu só sei que meu pai é chalaneiro
mea mãe é lavandeira
e eu sou beque de avanço do Porto de Dona Emília
o resto não tô somando com qual é que foi o indio
que frechou São Sebastião...
— Ai ai, nem eu
Uma negra chamou o filho e mandou comprar duzentos
de anil
— Vou ali e já volto já
Mário-Maria do lado de fora fica dando pontapés
no vento
— Disilimina esse, Cabeludinho!
plong plong, bexiga boa
— Vou no mato passá um taligrama...

4.

Nisso chega um vaqueiro e diz:
— Já se vai-se, Quério? Bueno, entonces seja felizardo
lá pelos rios de janeiros...
— Agradece seu Marcão, meu filho
— Quê mané agradecer, quero é minha funda
vou matando passarinhos pela janela do trem
de preferência amassa barro
ver se Deus me castiga mesmo

Havia no casarão umas velhas consolando Nhanhá
que chorava feito uma desmanchada
— Ele há de voltar ajuizado
— Home-de-bem, se Deus quiser

Às quatro o auto baldeou o menino pro cais
Moleques do barranco assobiavam com todas as
cordas da lira
— Té a volta pessoal, vou pra macumba.

5.

No recreio havia um menino que não brincava
com outros meninos
O padre teve um brilho de descobrimento nos olhos
— POETA!
O padre foi até ele:
— Pequeno, por que não brinca com os seus colegas?
— É que estou com uma baita dor de barriga
desse feijão bichado.

6.

Carta acróstica:
   "Vovó aqui é tristão
   Ou fujo do colégio
   Viro poeta
   Ou mando os padres ..."

Nota: Se resolver pela segunda, mande dinheiro
para comprar um dicionário de rimas e um tratado
de versificação de Olavo Bilac e Guima, o do lenço.

7.

Êta mundão
moça bonita
cavalo bão
este quarto de pensão
a dona da pensão
e a filha da dona da pensão
sem contar a paisagem da janela que é de se entrar de soneto
e o problema sexual que, me disseram, sem roupa
alinhada não se resolve.

8.

— Sou uma virtude conjugal
adivinha qual é?
— Um jambo,
um jardim outonal?
— Não.
— Uma louca,
as ruínas de Pompéia?

— Não.
— És uma estátua de nuvens,
o muro das lamentações?
— Não.
— Ai, entonces que reino é o teu, *darling*?
Me conta te dou fazenda,
me afundo, deixo o cachimbo.
Me conta que reino é o teu?
— Não.
mas pode pegar em mim que estou uma Sodoma...

9.

Entrar na Academia já entrei
mas ninguém me explica por que que essa torneira aberta
neste silêncio de noite
parece poesia jorrando...
Sou bugre mesmo
me explica mesmo
me ensina modos de gente
me ensina a acompanhar um enterro de cabeça baixa
me explica por que que um olhar de piedade
cravado na condição humana
não brilha mais do que anúncio luminoso?
Qual, sou bugre mesmo
só sei pensar na hora ruim
na hora do azar que espanta até a ave da saudade
Sou bugre mesmo
me explica mesmo:
se eu não sei parar o sangue, quê que adianta
não ser imbecil ou borboleta?
Me explica por que penso naqueles moleques
como nos peixes

que deixava escapar do anzol
com o queixo arrebentado?
Qual, antes melhor fechar essa torneira, bugre velho...

10.

Pela rua deserta atravessa um bêbado comprido
e oscilante
como bambu
assobiando...

Ao longo das calçadas algumas famílias
ainda conversam
velhas passam fumo nos dentes mexericando...
Nhanhá está aborrecida com o neto que foi estudar
no Rio
e voltou de ateu
— Se é pra disaprender, não precisa mais estudar

Pasta um cavalo solto no fim escuro da rua
O rio calmo lá em baixo pisca luzes de lanchas
acordadas
Nhanhá choraminga:
— Tá perdido, diz que negro é igual com branco!

11.

A última estrela que havia no céu
deu pra desaparecer
o mundo está sem estrela na testa

Foi o vento quem embrulhou minhas palavras
meteu no umbigo e levou pra namorada?

Eram palavras de protesto idiota!
Como o vento leva as palavras!

Me lembrar que o único riso solto que encontrei
era pago!
É preciso AÇÃO AÇÃO AÇÃO
Levante desse torpor poético, bugre velho.

Enfim, Cabeludinho, é você mesmo quem está aqui?
Onde andarão os seus amigos do Porto de Dona Emília?

POSTAIS DA CIDADE

O escrínio

    Um poeta municipal já me chamara a cidade de escrínio
    Que àquele tempo encabulava muito porque eu não sabia o seu significado direito.
Soava como escárnio.
Hoje eu sei que escrínio é coisa relacionada com jóia, cofre de bugigangas...
Por aí assim.
Porém a cidade era em cima de uma pedra branca enorme
    E o rio passava lá em baixo com piranhas camalotes pescadores e lanchas carregadas de couros vacuns fedidos.
    Primeiro vinha a Rua do Porto: sobrados remontados na ladeira, flamboyants, armazens de secos e molhados
    E mil turcos babaruches nas portas comendo sementes de abóbora...
    Depois, subindo a ladeira, vinha a cidade propriamente dita, com a estátua de Antônio Maria Coelho, herói da Guerra do Paraguai, cheia de besouros na orelha

E mais o Cinema Excelsior onde levavam um filme de Tom Mix 35 vezes por mês.
E tudo o mais.
Escrínio entretanto era a Negra Margarida
Boa que nem mulher de santo casto:
Nhanhá mijava na rede porque brincou com fogo de dia
— Mijo de véia não disaparta nosso amor, né benzinho?
— *Yes!*
Um dia Nhanhá Gertrudes fazia bolo de arroz.
Negra Margarida socava pilão.
E eu nem sei o que fazia mesmo.
Veio um negro risonho e disse sem perder o riso:
— Vãobora comigo, negra?
E levou Margarida enganchada no dedo pra São Saruê.
Daí eu fiquei naquele casarão que tinha noites de medo. Nhanhá sonhava bobagens que eu fugi de casa pra ser chalaneiro no Porto de Corumbá!
O mijo de Nhanhá sentia, no pingar, um vazio inédito e fazia uma lagoinha boa no mosaico...
Desse tempo adquiri a mania de mirar-me no espelho das águas...

A draga

A gente não sabia se aquela draga tinha nascido ali, no Porto, como um pé de árvore ou uma duna.
— E que fosse uma casa de peixes?
Meia dúzia de loucos e bêbados moravam dentro dela, enraízados em suas ferragens.
Dos viventes da draga era um o meu amigo Mário-pega-sapo.
Ele de noite se arrastava pela beira das casas como um caranguejo trôpego

À procura de velórios.
Gostava de velórios.
Os bolsos de seu casaco andavam estufados de jias.
Ele esfregava no rosto as suas barriguinhas frias.
Geléia de sapos!
Só as crianças e as putas do jardim entendiam a sua fala de furnas brenhentas.
Quando Mário morreu, um literato oficial, em necrológio caprichado, chamou-o de Mário-Captura-Sapo! Ai que dor!
Ao literato cujo fazia-lhe nojo a forma coloquial.
Queria *captura* em vez de *pega* para não macular (sic) a língua nacional lá dele...
O literato cujo, se não engano, é hoje senador pelo Estado.
Se não é, merecia.
A vida tem suas descompensações.
Da velha draga
Abrigo de vagabundos e de bêbados, restaram as expressões: *estar na draga, viver na draga* por *estar sem dinheiro, viver na miséria*
Que ora ofereço ao filólogo Aurélio Buarque de Hollanda
Para que as registre em seus léxicos
Pois que o povo já as registrou.

Seu Margens

Seu Zezinho-margens-plácidas, célebre fazedor de discursos patrióticos, agora aposentado, morava em seu sítio denominado A *Abóbora Celeste*, numa curva da estrada que procurava a Cacimba da Saúde.

Vendia passarinhos e demais produtos do sítio.
A gente negociava:
Seu Margens, dá duzentão de sabiá...
Vinham 3 sabiás: 2 de quiçaça e 1 de laranjeira.

Maria-pelego-preto

Maria-pelego-preto, moça de 18 anos, era abundante de pelos no pente.
A gente pagava pra ver o fenômeno.
A moça cobria o rosto com um lençol branco e deixava pra fora só o pelego preto que se espalhava quase até pra cima do umbigo.
Era uma romaria chimite!
Na porta o pai entrevado recebendo as entradas...
Nos fundos a mãe rezando Glória a Deus nas Alturas...
Um senhor respeitável disse que aquilo era uma indignidade e um desrespeito às instituições da família e da Pátria!
Mas parece que era fome.

Dona Maria

Dona Maria me disse: não agüento mais, já tô pra comprar uma gaita, me sentar na calçada, e ficar tocando, tocando...
— Mas só pra distrair?
— Quê mané pra distrair! O senhor não está entendendo?
— Entendo. A senhora vai ficar sentada na calçada, de vestido sujo, cabelos despenteados, esquálida, a soprar uma gaitinha rouca, não é?

Depois as pessoas ficarão com pena da sua figura esfarrapada, tocando uma gaitinha rouca, e jogarão moedas encardidas em seu colo encardido, não é?

Seu vestido estará salpicado de mosca e lama

A senhora de três em três minutos dará uma chegada no boteco da esquina e tomará um trago

Com pouco a senhora estará balofa, inchada de cachaça, os lábios como cogumelos

Sua boca vai cair no chão

Uma lagarta torva pode ir roendo seus lábios superiores pelo lado de fora

Um moleque pode passar a esfregar terra em seu olho

Ligeiro visgo começará a crescer de seus pés

Alguns dias depois sua gaita estará cheia de formiga e areia

A senhora estará cheia de lacraias sem anéis

E ninguém suportará o cheiro de seu corpo, não é assim?

Dona Maria teve um arrepio.

— Êpa moço! eu não queria dizer tanto. Só pensei de comprar uma gaita, me sentar na calçada e ficar tocando, tocando... até que a vida melhorasse. O resto o senhor que inventou. Desse jeito, já estou vendo os meninos passarem por mim a gritar: — Maria Gaiteira, fiu! Maria Gaiteira, fiu fiu!

Por favor, moço, mande esses meninos embora pra casa deles. O senhor já me largou na sarjeta, já fez crescer visgo no meu pé, e agora ainda manda os moleques me xingarem...

O precipício

Mariquinha-bezouro desembarcou da lancha *Iguatemi* num dia aziago

Virou logo as costas para o rio, subiu a Ladeira Cunha
e Cruz, entrou na cidade xingando Deus e o mundo.
Até rolar pela barranqueira
E desaparecer.
Foi parar nos fundos de um precipício.
Lá onde branquejam os ossos do Sargento Aquino,
fuzilado na revolta de 1917
Debaixo de um tarumeiro.

Cacimba-da-Saúde

Descendo um trilheiro de pedras ladeado por cansanção
A gente *dávamos* na Cacimba.
Na estrada à direita o casebre de Ignácio Rubafo, que
tinha esse nome porque se alimentava de lodo.
Aberta na grande pedra da cidade a Cacimba!
De águas milagrosas
Cheinhas de sapos.
Lá
A gente *matávamos* bentevi a soco.

RETRATOS A CARVÃO

Polina

— Como é seu nome ?
— Polina
Não sabia dizer Paulina
Teria 8 anos

Rolava na terra com os bichos
Tempo todo o nariz escorrendo

— Você tem saudade do sítio, Polina?
Que tinha.
— O que você fazia lá?
Que rastejava tatu.
Voltava correndo avisar o padrasto: *lá no brenha tem uma!*
Tornasse pra casa sem rasto apanhava no *sesso*.
Era *sesso* mesmo que empregava.

Usava uma algaravia
Herdada de seus avós africanos e diversos assobios para chamar nambu
O pirizeiro estava sempre *carregado* de passarinhos...

Polina há dois meses foi se embora de nossa casa
Um bicho muito pretinho com pouca experiência de sofrimento
Mas pra sua idade o suficiente.

Cláudio

Cláudio, nosso arameiro, acampou debaixo da árvore para tirar postes de cerca
Muito brabo aquele ano de seca
Vinte léguas em redor, contam, só restava aquela pocinha dágua:
Lama quase
Metro de redondo
Palmo de fundura.
Ali tinha um jacaré morador magrento
Compartilhando essa agüínha bem pouca

De tão sós e sujos, Cláudio
E esse jacaré se irmanavam

De noite na rede estirada
Nos galhos da árvore
Cláudio cantava cantarolava:
Ai, morena, não me escreve
Que eu não sei a ler

Pra lavar a feição
Bem de cedo
Esse Cláudio abaixava no poço, batia no ombrinho magro daquele jacaré: — licença, amigo...
Que se afastava pro homem lavar-se
Que se lavava, enchia o cantil
E rumava pra cerca uma légua dali

Depois, contam, Cláudio levou esse jacaré para casa
Que vive hoje no seu terreiro
Bigiando as crianças.
Pode ser.

Sebastião

Todos eram iguais perante a lua
Menos só Sebastião, mas ele era diz-que louco daí pra fora
— Jacaré no seco anda? — preguntava.

Meu amigo Sebastião
Um pouco louco

Corria divinamente de jacaré. Tinha um
Que era da sela dele somentes
E estranhava as pessoas.

Naquele jacaré ele apostava corrida com qualquer peixe
Que esse Sebastião era ordinário!

Desencostado da terra
Sebastião
Meu amigo
Um pouco louco.

Raphael

Quando Juvêncio apareceu
Mascava uma raiz de pobreza coisa que serve!
E cuspia dentro de casa o amargo em nós.

Na trouxa
Trouxe Raphael.

Raphael não era o pintor
Nem o anjo de Raphael.

Ponhamos que fosse um anjo
O anjo de sua mãe

Petrônia descia lavandeira
Pro corgo.
Juvêncio curava do gado bicheiras
Raphael era um pouquinho miserável
Tal como sua idade o permitia.

À noite vinha uma cobra diz-que
Botava o rabo na boca do anjo
E mamava no peito de Petrônia.

Juvêncio acariciava o ofídio
Pensando fossem os braços roliços da mulher.
Petrônia tinha estremecimentos doces
Bem bom.

Cenário de luar. Segundo ato.
Papagaio louro de bico dourado estava com fome
Desceu das folhas verdes
Ou verdes folhas conforme apreciais melhor
E começou a roer um naco
Um naco da testinha tenra
De Raphael.

Havia estrelas no céu
Suficientes para o poeta mais de romântico possível
E eu poderia colocar outras peças
Muitas, além de estrelas. Porém.
Sou um pobre narrador menso
Fosse isto uma Grécia de Péricles, não vê
Que deixava passar este canto
Sem de hexâmetros entrar!

Mandava vir cítaras e eólicas harpas
Convocava
Anjos de bundas redondas e troços do fundo do mar.
Porém.

Nem toco harpas.
Só uma viola quebrada
Surda como uma porta
Mais nada.

De resto
Juvêncio não é um herói
Raphael não tem mãe Clitemnestra
E nenhuma cidade disputará a glória de me haver dado à luz.
Falo da vida de um menino do mato sem importância.
Isto não tem importância.

Antoninha-me-leva

Outro caso é o de Antoninha-me-leva:
Mora num rancho no meio do mato e à noite recebe os vaqueiros tem vez que de três e até quatro comitivas
Ela sozinha!

Um dia a preta Bonifácia quis ajudá-la e morreu.
Foi enterrada no terreiro com o seu casaco de flores.
Nessa noite Antoninha folgou.

Há muitas maneiras de viver mas essa de Antoninha era de morte!

Não é sectarismo, titio.
Também se é comido pelas traças, como os vestidos.
A fome não é invenção de comunistas, titio.
Experimente receber três e até quatro comitivas de boiadeiros por dia!

INFORMAÇÕES SOBRE A MUSA

Musa pegou no meu braço. Apertou.
Fiquei excitadinho pra mulher.

Levei ela pra um lugar ermo (que eu tinha que fazer uma lírica):
— Musa, sopre de leve em meus ouvidos a doce poesia, a de perdão para os homens, porém... quero seleção, ouviu?
— Pois sim, gafanhoto, mas arreda a mão daí que a hora é imprópria, sá?
Minha Musa sabe asneirinhas
Que não deviam de andar
Nem na boca de um cachorro!
Um dia briguei com Ela
Fui pra debaixo da Lua
E pedi uma inspiração:
— Essa Lua que nas poesias dantes fazia papel principal, não quero nem pra meu cavalo; e até logo, vou gozar da vida; vocês poetas são uns intersexuais...
E por de japa ajuntou:
— Tenho uma coleguinha que lida com sonetos de dor de corno; por que não vai nela?

FACE IMÓVEL
(1942)

EU NÃO VOU PERTURBAR A PAZ

De tarde um homem tem esperanças.
Está sozinho, possui um banco.
De tarde um homem sorri.
Se eu me sentasse a seu lado
Saberia de seus mistérios
Ouviria até sua respiração leve.
Se eu me sentasse a seu lado
Descobriria o sinistro
Ou doce alento de vida
Que move suas pernas e braços.

Mas, ah! eu não vou perturbar a paz que ele depôs na praça, quieto.

RUA DOS ARCOS

A rua era assobradada
Decadente de ambos os lados

Toda espécie de gente ali
Circulava e bebia uniforme.

Uniforme era a feiura das casas —
O ar triste que elas tinham;
Mas também o ar de traição
Atrás das cortinas vermelhas.

As portas emitiam mulheres
Portuguesas de músculos brancos
E até o coração das crianças se partia
Sob o peso da coroa caída da irmã.

A viola sustava a cabeça de um cego —
Angulosa cabeça onde os fados morriam.
E entre flores amarelas
Graves gatos o escutavam.

Foi aí que de tarde eu a vi
Eu a vi passar de verde
Varando o ar sério de um guarda
Sem veneno em seus dedos

— A mulata da Lapa de verde!

OS GIRASSÓIS DE VAN GOGH

Hoje eu vi
Soldados cantando por estradas de sangue
Frescura de manhãs em olhos de crianças
Mulheres mastigando as esperanças mortas

Hoje eu vi homens ao crepúsculo
Recebendo o amor no peito.
Hoje eu vi homens recebendo a guerra
Recebendo o pranto como balas no peito

E como a dor me abaixasse a cabeça,
Eu vi os girassóis ardentes de Van Gogh.

AURORA NO FRONT

Das mãos caíam rezas como orvalho
Caíam rezas das mãos curvas
Sobre a aurora entrevista
No fantástico andar dos gatos.

PAZ

Esta janela aberta
As cadeiras em ordem por volta da mesa
A luz da lâmpada na moringa
Duas meninas que conversam longe...

Paz!
O telefone que descansa
As cortinas azuis que nem balançam

Mas sobre uma cadeira alguém está chorando.
Paz!

POEMA DO MENINO INGLÊS DE 1940

A rua onde eu morava foi bombardeada.
Nunca nós havíamos de pensar que uma coisa dessas pudesse acontecer realmente.
Não ficou de pé uma só de nossas casas com seus telhados vermelhos perdidos entre as folhagens.

Ontem de tarde eu vi o pai de Katy voltando do trabalho — e nunca mais o verei
Porque por onde ele passou agora as ruínas fumam silenciosamente...

Ah! nós brincávamos nas linhas dos lagos azuis.
Katy dançava de cabelos soltos no jardim
E eu compunha músicas singelas para seu corpo.
Sobre meus ombros ela chorava.

Agora parece que estou me despedindo de alguém
De alguma coisa que vai morrendo dentro de mim mesmo.
Que seria? Seriam aquelas cortinas velhas de nossas janelas?
Aqueles muros tão conhecidos nossos?
Os móveis de tua casa, Katy?

Seriam os homens tão misteriosos de nossa rua?

Agora sinto que estou me despedindo de alguma coisa
De alguma coisa que está morrendo dentro de mim mesmo.

O SOLITÁRIO

Os muros enflorados caminhavam ao lado de um homem solitário
   Que olhava fixo para certa música estranha
   Que um menino extraía do coração de um sapo.

Naquela manhã dominical eu tinha vontade de sofrer
Mas sob as árvores as crianças eram tão comunicativas
Que me faziam esquecer de tudo
Olhando os barcos sobre as ondas...

No entanto o homem passava ladeado de muros!
E eu não pude descobrir em seu olhar de morto
   O mais pequeno sinal de que estivesse esperando alguma dádiva!

Seu corpo fazia uma curva diante das flores.

DOROWA

Homens bebem à mesa
De um cabaré de Curitiba.
A obesa Marcelle, instalada,
Engole álcool de coxas flácidas.

A esquelética Lili,
No fim da noite, exausta
Fala mole e tomba
De grandes olheiras no chão.

Ó Dorowa, teus 15 anos
Entre ombros de homens bêbados
No cabaré de Curitiba!
Ó Dorowa, teus 15 anos.

Lili, Marcelle, Dorowa.
Dorowa não, Doroty...

Ó vós, que um dia chegardes
Ao cabaré de Curitiba:
Dormi com a Dorowa,
Que está dentro da Doroty

Dormi com a Dorowa,
Ela está no fundo da Doroty
Sabei arrancá-la de lá
Na pureza dos 15 anos.

Não deixeis Dorowa morrer,
Ela é a alma que sustenta os poetas.
Não deixeis Dorowa morrer
Como rosa em peito de suicida.

UNS HOMENS ESTÃO SILENCIOSOS

Eu os vejo nas ruas quase que diariamente.
São uns homens devagar, são uns homens quase que misteriosos.
Eles estão esperando.
Às vezes procuram um lugar bem escondido para esperar.

Estão esperando um grande acontecimento.
E estão silenciosos diante do mundo, silenciosos.

Ah, mas como eles entendem as verdades
De seus infinitos segundos.

O MURO

Não possuía mais a pintura de outros tempos.
Era um muro ancião e tinha alma de gente.
Muito alto e firme, de uma mudez sombria.

Certas flores do chão subiam de suas bases
Procurando deitar raízes no seu corpo entregue ao tempo.

Nunca pude saber o que se escondia por detrás dele.
Dos meus amigos de infância, um dizia ter violado tal segredo,
E nos contava de um enorme pomar misterioso.

Mas eu, eu sempre acreditei que o terreno que ficava atrás do muro era um terreno abandonado!.

NOTURNO DO FILHO DO FAZENDEIRO

O corpo na cama,
O quarto nas trevas

E o rádio que não deixava
Que não deixava pensar
Que alguém estivesse morrendo

O amoroso balbucio no portão
Ante o elefante de ficus
E o filho de fazendeiros
Que captava os movimentos primos

Ia até a infância e voltava.
(O pai deu um olhar pelos campos
E disse: — Vai ser aqui.
E fincou uma estaca no lugar.)

De tarde mandou o vaqueiro
Dar uma espiada em volta
Mas como até a noite ele não regressasse
Pegou uma carabina e saiu.

A mãe ficou no acampamento
Cantarolando, cantarolando muito
Com o meninozinho nos braços.)

Ia até a infância e voltava.

Gostaria mais se pudesse ficar
Tem a impressão que aproveitaria melhor
Tem quase certeza.

Aprendeu alguma coisa com os anos
Só não aprendeu a odiar
Mas estava lhe parecendo
Que era uma coisa necessária nunca odiar.

SINGULAR, TÃO SINGULAR

Ó passar-se invisível pela alma da alameda de casas
espaçosas
Imaginando a feição ideal dentro de cada uma!

Ir recebendo um pouco de poesia no peito
Sem lembranças do mundo, sem começo...
Chegar ao fim sem saber que passou
Tranqüilo como as casas,
Cheio de aroma como os jardins.
Desaparecer.
Não contar nada a ninguém.
Não tentar um poema.
Nem olhar o nome na placa.
Esquecer.
Invisível, deixar apenas que a emoção perdure
Fique na nossa vida fresca e incompreensível
Um mistério suave alisando para sempre o coração.

Singular, tão singular...

INSTANTE ANUNCIADO

Um chapéu velho!
Eu não via seu rosto, que um velho chapéu,
Esmaecido pelo sol, cobria.
Mas sei que não chorava
E nem tinha desejo de falar.
Porque sabia que alguma coisa vinha chegando
De manso, alguma coisa vinha chegando...

Eu não via seu rosto,
Seu rosto sombreado que um velho chapéu,
Esmaecido pelo sol, cobria.
Mas sei como ele amou aquele instante
Mas sei com que prazer ele esperou
Aquela que viria com os lábios úmidos para ele
A que havia de vir passar as mãos
Pelos seus joelhos feridos.

ENSEADA DE BOTAFOGO

O corpo quase que morava ali, equilibrado nas curvas
da enseada
    Ao lado dos carros vermelhos que transportavam os
donos da vida para seus escritórios
    Ao lado dos emigrantes subjugados ao infinito
    E crianças reclinadas sobre as ondas azuis.

Tantas vezes o corpo sobre as curvas, tantas
    Que ficou como certas casinhas tortas, que jamais
podem ser evocadas fora da paisagem.

MANSIDÃO

As casas dormiam na hora surda do meio dia.
O corpo do homem penetrou sob árvores
Na longa quietude estendida na rua.
Tudo permaneceu sem um grito,

Um pedido de socorro sequer.
Ninguém soube se o coração vibrou.
Que sonho o acalenta ninguém adivinhou.
Ninguém sabe nada.
Não traz um lamento,
Nem marca dos pés no chão vai ficar.
Tão triste é a vida sem marca dos pés!
Tudo permaneceu sem um grito,
Um pedido de socorro sequer.
Ele passou sem calúnias
E é possível que sem corpos que o chamassem.
Ninguém soube se o coração vibrou
Porque tudo permaneceu sem fundo suspiro
No estranho momento das coisas paradas.

BALADA DO PALÁCIO DO INGÁ

Na sala de espera do Palácio do Ingá
Vou abanando a cara com o jornal do Brício.
Benjamim Constant da parede me olha.
Mas eu olho é pras medalhas do Duque de Caxias.
Ai que riquezas no Palácio do Ingá!

Os varões na parede me inspiram brasilidade.
Será que o Duque de Caxias por cima de suas medalhas
E de sua suspicácia está descobrindo meu olhar guloso
　　　Para as coxas daquela mulher entreabertas na minha
frente?

Na sala do Palácio do Ingá com uma ficha na mão
Espero para falar com o chefe do Gabinete do Interventor.

Na sala de espera do Palácio de Ingá tem uma pele de onça.
Ai que saudades do Pantanal!
Senhor, nem é tanto deste emprego que eu preciso tanto
O que eu preciso e quanto! nesta mísera tarde
É daquela mulher com as coxas entreabertas na minha frente.
E isso não tem mandamentos e nem ofende a disciplina militar.

INCIDENTE NA PRAIA

Eram mil corpos fora de casa
E um menino que atravessava a infância
De automóvel, no asfalto.

Eram bêbados, eram operários
Que sendo governados pelas mesmas leis
Cochilavam sob as árvores da rua.

Era um burro de homem projetado
Perpendicularmente aos edifícios
Que oferecia sorvete aos maiôs mais simpáticos

Nisto, o de papoila na lapela,
Delicadamente,
Vai até a onda e faz sua mijadinha

— É um garçom!
— É um poeta!
— É um jaburu!

Enquanto uns discutiam,
Outros iam tratar da vida
Isto é: iam jogar peteca.

POESIAS
(1956)

FRAGMENTOS DE CANÇÕES E POEMAS

1.

Ah, florescer de tarde
De amor, no cais!
Entre navios altos
E velas brancas.

Ver o pescador
Passar, como nuvem...
E a mulher deserta
Entre gerânios curvos.

Ver o menino
Com paletó de crepúsculo
E as árvores cor de cinza

Perto do muro.
Árvore e menino
Dobrados, na chuva.

2.

São mil coisas impressentidas
Que me escutam:
O movimento das folhas
O silêncio de onde acabas de voltar
E a luz que divide o corpo do nascente

São mil coisas impressentidas
Que me escutam:
São os pássaros assustados, assustados,
Tuas mãos que descobrem o convite da terra
E os poemas como ilhas submersas...

São mil coisas impressentidas
Que me escutam:
Sou eu apreensivamente
Solicitado pela inflorescência
Redescoberto pelo bulir das folhas...

3.

Provavelmente sobre as frondes viriam os pássaros cantar
Levando-me até os caminhos indecisos da aurora.
Entretanto havia uma pergunta que me desafiava
E um desejo obscuro nas mãos de apanhar objetos largados na tarde...

Fui andando...
Meus passos não eram para chegar porque não havia chegada
Nem desejos de ficar parado no meio do caminho.
Fui andando...

As coisas eram simples.
Nem gaivotas no mar imperturbável,
Mas havia uma pergunta que me desafiava
E os mistérios se encontravam como dois números e se completavam
Em meu rosto... Nada posso fazer, pensei.
E fui apanhando objetos largados na tarde
Com as ruínas do outono em que vicejo.

4.

Que rosa esplendente é o amor!
Que maravilha adorar!

Tenho certeza que ando perdida
E que o Senhor me perdoará.

Que fazer com o rosto de amora
No instante dele chegar?

Meus olhos negros de sonhos
Minha boca de beijar?

(No campo as árvores dormem
Banhadas em luz de luar...)

Meu corpo pra que me serve
Senão pra desabrochar
Entre as colinas noturnas
Na hora dele chegar?

5.

Vadio e evadido
Vagabundeio só.

Amo a rua torta
E do mar o odor.

Dos muros as mossas,
Dos púcaros o frescor
Amo. E as uvas esmagadas.
E do mar o odor.

Vou tangido e raro!
Tangido vou.
Suspenso de ventos
Do mar, pelo odor.

6.

Ferido de amor e morte
Ando à procura de paz.
Cadê teu rosto de brumas,
Para meu ombro desabado?

Meus pés de urzes e barcos,
Magoei-os pelos caminhos.
Soprem ventos do oceano
Sobre as flores e os espinhos...

Casa entre grades e rosas
Com portão de ferro arqueado.
— Sonhe o menino perdido
Com seus ombros desabados.

7.

Para quem guardei na minha carne
As cicatrizes das batalhas perdidas? E os sulcos

Regados pelas chuvas de abril? Para quê
Guardei as colinas do meu corpo? Senão
Para ele caminhar... E minhas mãos de aurora
Senão para ele acariciar? E meus cabelos negros?
Ai, não sei. Não posso enganar-te. Pai. Aberta
Estou, como pétalas noturnas,
Para os astros. Minha boca silenciosa.
Ficarei inclinada levemente para ele
Como torre. Inclinada para sua violência.
Ele me fará frutificar como as árvores na chuva.
Florescer entre pedras, aves e astros. Abrir-me
Como as rosas da noite, ao luar.
Ele terá meu corpo, minha vida, meus sonhos.
Ele terá minhas cicatrizes.
E as colinas de meu corpo. Lívida,
Lívida ele me possuirá.

8.

A boca está aberta, seca e escura
De raízes mortas...
Encontro restos de orvalho
No rosto da terra, e os bebo

Ao silêncio do enxofre que penetra
Deito-me para germinar...
Ouço fluir a seiva
Ouço o caule crescer

Do ventre que gesta sob ramas...
Uma flor de moliços depois
Irá comendo o contorno dos lábios
E as mãos sem despedidas.

Corpo em árvore feito
Serei como talha de pedra
Na terra, com molduras de fresco
E hortensias ...

Ervas tolhiças crescerão
Nos interstícios do ser
E o que foi música e sede de sarças
Há de ser pasto de águas...

9.

Rosto seco
E seco
De ventos...
Espinheiro seco
E duro.
Roseira no muro seco.
Rosto seco de feno
Queimando-se,
Queimando-se
Na terra ...
....

Ó branco ombro de minha casa antiga!
Quanto desejo de amar,
De fugir,
De padecer,
De pedra ser, que me dava
Nas tardes da fazenda!
Quanto desejo de chuvas
E de rebrotos

E de renovos
E de ombros nus
E de amoras
Sobre as raízes descobertas!
....
....

Depois eu saía correndo pelos caminhos molhados.
Havia um frescor de musgos na boca da terra.

10.

Inocência animal exercida
Nessa tarde que abriga violetas
E éguas cobertas. Água esquiva.
Nitidez de sábado.
Chover nos braços de alguém!
E essa espera nunca interrompida
De ser levada, de ser arrastada
Com as mãos. Claros jardins!
Dia de ficar em casa
Dentro do corpo - como em seu estojo
Um instrumento.

11.

Aqui: ardo e maduro.
Compreendo as azinheiras.
Compreendo a terra podre e fermentada
De raízes mortas.

Compreendo a presciência do fruto
Na carne intocada.

E assisto crescerem
Frescos, nessa carne, os teus dedos.

Compreendo esse garfo na terra
A germinar ferrugens
Sob laranjais...

E o grão que semearam na pedra.
E mais: os troncos rugosos
Pendendo suas bocas para as águas.

12.

Meus ombros emigram de mim para os pássaros.
E o corpo foge, roçando nos cactos secos do deserto.

Ó Deus, amparai-me.

Os limites me transpõem!

13.

Cravos cegos no ocaso.

Uma botina (barco de homem) ao relento.
Musgos a invadem.

Que viço de morte!
E ostras agarradas em meu ermo.

14.

Seria homem ou pássaro?
Não tinha mãos.
Vestígios de sua boca iam para flor.
Havia uns sonhos
Dependurados como roupa.
Uns podres ornamentos de pano e móbiles
Gâmbias dispersas,
Catavento. Perto
Havia um barco.
Barco ou peixe?
Não pude precisar.
Vi o homem andando para semente
E a semente no escuro remando para raíz.

15.

Era fonte fria?
Rosa entreaberta?
Pássaro canoro? Era
Boca?

Se era fonte,
Se era boca,
Me esqueci.

Dava na horta?
Dava no gado?
Era peste, praga,
Era brejo dissoluto
De miasmas, ou apenas
Boca?

Estava coberta de pó
E esquecimento.
Alimentava insônias.

As pessoas mais velhas preveniam: lembravam
de veneno, e empregavam as palavras inferno, abismo
e perdição para defini-la.

Entanto era rubra,
E lúcida.
Era fresca:
Parecia poço debaixo de árvores.

16.

Ai, sossego de terras pisadas por mim ...
E os silêncios caídos como folhas
Nos limites de uma tarde aberta...
Que importa que a criatura se surpreenda
Sem paisagem, e presa à sua carne?
Se esta rosa pousada em tua boca
Tão molhada de chuvas! se abandone
Ao esquecimento. E se refaz em caule,
Em beijo, em sono. Ou se corrompe
Como um homem exposto numa mesa —
Como um rio cria o seu lodo e o afoga.

OLHOS PARADOS

a Mário Calábria

Ah, ouvir mazurcas de Chopin num velho bar, domingo
de manhã!

Depois sair pelas ruas, entrar pelos jardins e falar com as crianças.
Olhar as flores, ver os bondes passarem cheios de gente,
E encostado no rosto das casas, sorrir...

Saber que o céu está lá em cima.
Saber que os olhos estão perfeitos e que as mãos estão perfeitas.
Saber que os ouvidos estão perfeitos. Passar pela Igreja.
Ver as pessoas rindo. Ver os namorados cheios de ilusões.

Sair andando à-toa entre as plantas e os animais.
Ver as árvores verdes do jardim. Lembrar das horas mais apagadas.
Por toda parte sentir o segredo das coisas vivas.
Entrar por caminhos ignorados, sair por caminhos ignorados.

Ver gente diferente de nós nas janelas das casas, nas calçadas, nas quitandas.
Ver gente conversando na esquina, falando de coisas ruidosas.
Ver gente discutindo comércio, futebol e contando anedotas.
Ver homens esquecidos da vida, enchendo as praças, enchendo as travessas.

Olhar, reparar tudo em volta, sem a menor intenção de poesia.
Girar os braços, respirar o ar fresco, lembrar dos parentes.
Lembrar da casa da gente, das irmãs, dos irmãos e dos pais da gente.

Lembrar que eles estão longe e ter saudades deles...

Lembrar da cidade onde se nasceu, com inocência, e rir sozinho.
Rir de coisas passadas. Ter saudade da pureza.
Lembrar de músicas, de bailes, de namoradas que a gente já teve.
Lembrar de lugares que a gente já andou e de coisas que a gente já viu.

Lembrar de viagens que a gente já fez e de amigos que ficaram longe.
Lembrar dos amigos que estão próximos e das conversas com eles.
Saber que a gente tem amigos de fato!
Tirar uma folha de árvore, ir mastigando, sentir os ventos pelo rosto...

Sentir o sol. Gostar de ver as coisas todas.
Gostar de estar alí caminhando. Gostar de estar assim esquecido.
Gostar desse momento. Gostar dessa emoção tão cheia de riquezas íntimas.
Pensar nos livros que a gente já leu, nas alegrias dos livros lidos.

Pensar nas horas vagas, nas horas passadas lendo as poesias de Anto.
Lembrar dos poetas e imaginar a vida deles muito triste.
Imaginar a cara deles como de anjos. Pensar em Rimbaud,
Na sua fuga, na sua adolescência, nos seus cabelos cor de ouro.

Não ter idéia de voltar para casa. Lembrar que a gente, afinal de contas,

Está vivendo muito bem e é uma criatura até feliz. Ficar admirado.
Descobrir que não nos falta nada. Dar um suspiro bom de alívio,
Olhar com ternura a criação e ver-se pago de tudo.

Descobrir que, afinal de contas, não se possui nenhuma queixa
E que se está sem nenhuma tristeza para dizer no momento.
Lembrar que não sente fome e que os olhos estão perfeitos.
Para falar a verdade, sentir-se quite com a vida.

Lembrar dos amigos. Recordar um por um. Acompanhá-los na vida.
Como estão longe, meu Deus! Um aqui. Outro lá, Tão distantes...
Que fez deste o destino? E daquele?
Quase vai se esquecendo do rosto de um ... Tanto tempo!

Ter vontade de escrever para todos os amigos.
Ter vontade de lhes contar a vida até o momento presente.
Pensar em encontrá-los de novo. Pensar em reuní-los em torno de uma mesa,
Uma mesa qualquer, em um lugar que a gente ainda não escolheu.

Conversar com todos eles. Rir, cantar, recordar os dias idos.
Dar uma olhadela na infância de cada um. Aquele era magro, Venício...
Aquele outro era gordo, Abelardo ... Aquele outro era triste.

Ai, não esquecer jamais este último, porque era um menino triste.

Como andarão agora? Naturalmente, mais velhos.
Talvez eu não conhecerei alguns. Naturalmente, mais senhores de si.
Imaginar todos eles com ternura. Pensar nos mais fracos,
Naqueles, naturalmente, para quem o mundo deve ter sido menos bom.

Pensar que eles já vêm. Abrir os braços.
Procurar descobrir, no mundo que os envolve,
Alguma voz que tenha acento parecido,
Algum andar que lembre o andar longínquo de algum deles...

Ah como é bom a gente ter infância!
Como é bom a gente ter nascido numa pequena cidade banhada por um rio.
Como é bom a gente ter jogado futebol no Porto de Dona Emília, no Largo da Matriz,
E se lembrar disso agora que já tantos anos são passados.
Como é bom a gente lembrar de tudo isso. Lembrar dos jogos à beira do rio,
Das lavadeiras, dos pescadores e dos meninos do Porto
Como é bom a gente ter tido infância para poder lembrar-se dela
E trazer uma saudade muito esquisita escondida no coração.

Como é bom a gente ter deixado a pequena terra em que nasceu
E ter fugido para uma cidade maior, para conhecer outras vidas.

Com é bom chegar a este ponto de olhar em torno
E se sentir maior e mais orgulhoso porque já conhece outras vidas...

Como é bom se lembrar da viagem, dos primeiros dias na cidade,
Da primeira vez que olhou o mar, da impressão de atordoamento.
Como é bom olhar para aquelas bandas e depois comparar.
Ver que está tão diferente, e que já sabe tantas novidades ...
Como é bom ter vindo de tão longe, estar agora caminhando
Pensando e respirando no meio de pessoas desconhecidas
Como é bom achar o mundo esquisito por isso, muito esquisito mesmo
E depois sorrir levemente para ele com os seus mistérios ...

Que coisa maravilhosa, exclamar. Que mundo maravilhoso, exclamar.
Como tudo é tão belo e tão cheio de encantos!
Olhar para todos os lados, olhar para as coisas mais pequenas,
E descobrir em todas uma razão de beleza.

Agradecer a Deus, que a gente ainda não sabe amar direito,
A harmonia que a gente sente, vê e ouve.
A beleza que a gente vê saindo das rosas; a dor saindo das feridas.
Agradecer tanta coisa que a gente não pode acreditar que esteja acontecendo.

Lembrar de certas passagens. Fechar os olhos para ver no tempo.

Sentir a claridade do sol, espalmar os dedos, cofiar os bigodes,

Lembrar que tinha saído de casa sem destino, que passara num bar, que ouvira uma mazurca,

E agora estava alí, muito perdidamente lembrando coisas bobas de sua pequena vida.

A BOCA

Por mim passavas
— a água mais pura —
e eu sofri sede.

Agora penso
nessa abertura
com que por anos
me envenenaste,
com que por anos
a minha infância
tornaste impura,
tornaste indígna
de andar ao lado
de outras infâncias ...
Agora penso
deixar na fenda
de tua boca,
dissimulada,
todo o veneno
de que me inundas.
Porém és morta
resignada,

ó boca amarga
de namorada
nunca atingida,
sempre anelada,
boca perdida
para as saudades,
jamais beijada.

Dorme entre flores.

(Será dos anjos?).

Vai para os anjos
vai para os pássaros
do firmamento,
ó boca amarga,
que me enganavas
com aquele riso
posto no canto!

Por mim passavas
— a água mais pura —
e eu sofri quanto.

Estás no seio
da morte, quente
como na terra;
me conturbavas
como na rua
tu exibias
teus belos dentes ...

Vai grota rasa!

Flor obscura
na minha infância

desabrochada,
continuada
na adolescência
perto de casa,
na vizinhança,
solta na rua
como uma fruta

covil aberto
de mil acenos,
cobra na rua
que me mordia,
que me injetava
sutis venenos...

Vai, pesadelo,
noites de insônia,
pura miragem
de minha sede;
vai para o diabo
que te carregue,
não me persiga:
sai, boca morta!

NA ENSEADA DE BOTAFOGO

Como estou só: Afago casas tortas,
Falo com o mar na rua suja...
Nu e liberto levo o vento
No ombro de losangos amarelos.

Ser menino aos trinta anos, que desgraça
Nesta borda de mar de Botafogo!
Que vontade de chorar pelos mendigos!

Que vontade de voltar para a fazenda!

Por que deixam um menino que é do mato
Amar o mar com tanta violência?

ODE VINGATIVA

Ela me encontrará pacífico, desvendável
Vendável, venal e de automóvel.
Ela me encontrará grave, sem mistérios, duro
Sério, claro como o sol sobre o muro.

Ela me encontrará bruto, burguês, imoral,
Capaz de defendê-la, de ofendê-la e perdoá-la;
Capaz de morrer por ela (ou então de matá-la)
Sem deixar bilhete literário no jornal.

Ela me encontrará sadio, apolítico, antiapocalíptico
Anticristão e, talvez, campeão de xadrez.
Ela me encontrará forte, primitivo, animal
Como planta, cavalo, como água mineral.

A VOLTA

Ele sentou-se no barro.
Ela sentou-se ao pé dele.

Ele estava ferido no braço.
Olhos um pouco vazios.

Reparou bem na sua voz.
Disse que era feliz.
Ele falou qualquer coisa
Sobre os homens, e se calou.

Ficou escutando a noite,
O campo, as árvores velhas
Que se perdiam na treva —
E a música do silêncio.

Abraçou-a. Os cabelos negros
Pareciam-lhe mais brilhantes.
Passou a mão áspera no rosto
Na doce linha dos lábios.

Falou pouco. Recordou
O frio, o passo dos muares
Pelas estradas de lama
E as cerejeiras em flor.

Mostrou a cicatriz do braço.
Ela deu um suspiro fundo
E apalpou as mãos apagadas
Daquele que havia regressado.

Depois convidou-o de manso,
Pegou no seu braço ferido,
Deu-lhe um pouco de beber
E água para lavar-se.

Ficou perto ouvindo o ruído
Da água na barba áspera,

Enquanto seu corpo aspirava
O amor daquele homem.

Olhou seus ombros. Há quanto tempo
Não os via ...
Olhou as pernas, ainda eram firmes.
Que doce vida esquisita!

Não pensava mais ouví-lo,
Nem amá-lo nunca mais.
Tanto tempo ... Já pensava
Que o mundo o havia levado.

Mas agora estava alí
Se lavando. Os mesmos olhos.
Só um pouco mais fatigados.
A mesma fronte, contudo

Talvez um pouco mais terna,
Porque mais triste. E, agora,
Que tinha os olhos mais velhos,
Queria beijá-los tanto!

Perguntou sobre a filhinha
Os amigos e a política.
Fez um jeito de quem suspira
E sorriu para todas as coisas...

De certo tinha muita coisa
De que sorrir (ela pensou)
Aquilo não era à-toa
E ficou olhando para longe...

PEDIDO QUASE UMA PRECE
a Nelson Nassif

Senhor, ajudai-nos a construir a nossa casa
Com janelas de aurora e árvores no quintal —
Árvores que na primavera fiquem cobertas de flores
E ao crepúsculo fiquem cinzentas como a roupa
dos pescadores.

O que desejo é apenas uma casa. Em verdade,
Não é necessário que seja azul, nem que tenha cortinas
de rendas.
Em verdade, nem é necessário que tenha cortinas.
Quero apenas uma casa em uma rua sem nome.

Sem nome, porém honrada, Senhor. Só não dispenso
a árvore,
Porque é a mais bela coisa que nos destes
e a menos amarga.
Quero de minha janela sentir os ventos pelos caminhos,
e ver o sol
Dourando os cabelos negros e os olhos de minha amada.

Também a minha amada não dispenso, meu Senhor.
Em verdade ela é a parte mais importante deste poema.
Em verdade vos digo, e bastante constrangido,
Que sem ela a casa também eu não queria, e voltava
pra pensão.

Ao menos, na pensão, eu tenho meus amigos
E a dona é sempre uma senhora do interior
que tem uma filha alegre.
Eu adoro menina alegre, e daí podeis muito bem
deduzir
Que para elas eu corro nas minhas horas de aflição.

Nas minhas solidões de amor e nas minhas solidões do
pecado

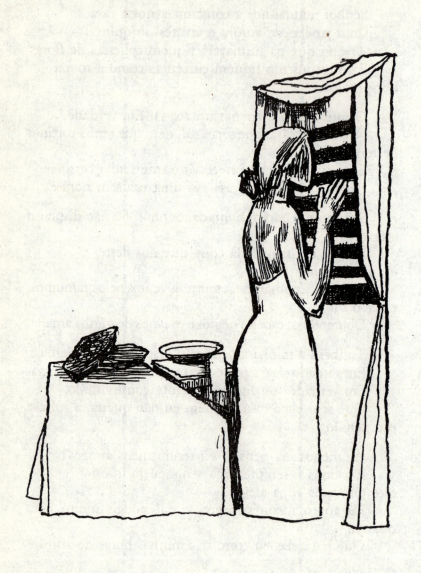

Sempre fujo para elas, quando não fujo delas, de noite,
E vou procurar prostitutas. Oh, Senhor vós bem sabeis
Como amarga a vida de um homem o carinho das prostitutas!

Vós sabeis como tudo amarga naquelas vestes amassadas
Por tantas mãos truculentas ou tímidas ou cabeludas
Vós bem sabeis tudo isso, e portanto permiti
Que eu continue sonhando com a minha casinha azul.

Permiti que eu sonhe com a minha amada também, porque:
— De que me vale ter casa sem ter mulher amada dentro?
Permiti que eu sonhe com uma que ame andar sobre os montes descalça
E quando me vier beijar faça-o como se vê nos cinemas...

O ideal seria uma que amasse fazer comparações de nuvens com vestidos, e peixes com avião;
Que gostasse de passarinho pequeno, gostasse de escorregar no corrimão da escada
E na sombra das tardes viesse pousar
Como a brisa nas varandas abertas...

O ideal seria uma menina boba: que gostasse de ver folha cair de tarde...
Que só pensasse coisas leves que nem existem na terra,
E ficasse assustada quando ao cair da noite
Um homem lhe dissesse palavras misteriosas ...
O ideal seria uma criança sem dono, que aparecesse como nuvem,
Que não tivesse destino nem nome — senão que um sorriso triste
E que nesse sorriso estivessem encerrados

Toda a timidez e todo o espanto das crianças que não têm rumo...

....

Senhor, ajudai-nos a construir a nossa casa
Com janelas de aurora e árvores no quintal —
Árvores que na primavera fiquem cobertas de flores
E ao crepúsculo fiquem cinzentas como a roupa dos pescadores ...

VIAGEM

Rude vento noturno arrebatou-me
Para longe da terra, nu e impuro.
Perdi as mãos e em meio ao oceano escuro
Em desespero o vento abandonou-me.

Perdido, rosto de água e solidão,
Adornei-me de mar e de desertos.
Meu paletó de azuis rasgões abertos
Esconde amanhecer e maldição...

Um deserto menino me acompanha
Na viagem (que flores deste caos!)
E em rosa o sol me veste e me inaugura.

Dou às praias de Deus: a alma ferida,
As mãos envenenadas de ternuras
E um buquê de carnes corrompidas.

A ESPERA

Vejo sempre um homem ao lado das casas,
Olhando-as de frente como se elas fossem pessoas íntimas.
Vejo-o passando pelas casas comovido, afagando as mais pobres,
Satisfeito com a paz que lhe transmitem.
Vejo um homem caminhando pequeno na rua sem nome.
Vejo-o com o seu ocaso e o seu casaco de iodo às costas.
Vejo a erva depois crescer na pedra, e vejo, no coração,
O amor germinar como um rápido clarão na tempestade.
Esse homem não sabe como agradecer a penumbra que o esconde.
Vejo-o tocando com os seus dedos uns objetos esquecidos na tarde...
Vejo-o depois andar sobre a cidade errante errante como os cães vagabundos
E adormecer nas pedras junto ao mar.

NOÇÕES DE RUAS

As ruas inventam poetas que já nasceram tristes.
As ruas descobrem esses cachorros gentis puxando suas donas para debaixo dos postes.
De um modo geral os cachorros são bonitinhos e as donas não correspondem
O que é uma pena.
Há ruas que engendram casas

Onde teus joelhos crescem
Como nuvens...

Outras aguentam anos inteiros no subúrbio
Com a mesma pobreza e honradez de um homem só como Jó.
Até que um dia chega um seresteiro, desonra uma colegial no terreno baldio
E a colegial é encontrada no capim, de borco,
Cheia de formiga nos olhos vidrados...

A rua pega fama
E deita na cama.

Certa feita
Uma rua de subúrbio, há muitos anos,
Botou no meu encalço uma de suas casas
Com jardinzinho fronteiro
Só para enternecer...
De fato: seu jardinzinho
Seu gato
Sua dona (os joelhos brancos à mostra!)
O pé de manacá
E mais aquelas suas grades tão roídas de ferrugens, quase me arrebentam de ternuras idiotas...
Que descontrole louco, meus Deus!
Se não me agacho me casava naqueles joelhos...

Essas doces ruínhas mortas ou alamedas
Esquecidas em sua tranqüilidade de coisas anônimas,
— cuidado com elas!
São infestadas de lobos solitários ...

LEMBRANÇAS

Panamá embicado, o homem chegou
Montado em cavalo branco; parou
Diante do copiar; falou três palavras;
Sorriu ... Meu avô descarregou seis balas.

Subitamente o palco alterou-se.
Eu estava com dezessete anos, diante do mar!
Lia Knut Hamsun.
Meu vagabundo tocava em surdina...

Um grande rio de poesia
Atravessava-me, doce...

A VOZ DE MEU PAI

Sou um sujeito magro
Nasci magro.
Estou nos acontecimentos
Como num vendaval: dobrado
Recurvo de espanto
E verdes...

Circulo sob arranha-céus.
Vivo debaixo de cubos:
Na direita, na esquerda
De lado, ao sul
Pelo norte... Vou no meio assustado.
Um pequenino ser com a sua morte dentro,

Com seu ombro desabado
E seus braços descidos pelo caos do corpo.

Sou ligado por cordões e outros aparelhos secretos a um escritório complicado.
Portas mecânicas me subtraem e me devolvem súbito ao negro asfalto.
Entro e saio do edifício que come meu rosto e o cunha na pedra.
Varo becos, bancos e buzinas.

À noite, porém, (ó cidade tentacular!)
Me rendo.
Resfolegante como um boi, paro.
Vasta campina azul de água me olha, me contempla, me aglutina
E suja-me de iodo a roupa...
— É o mar!
Meu rosto recebe a brisa do mar.

Fecho os olhos.
Descanso.
Os ventos levam-me longe ...
Longe ...

Entro na casa onde nasci.
O tempo emprestou sem dó uma cor amarelada às suas paredes.
Um amarelo sujo nas raízes, um amarelo de urina de crianças nas paredes.

Lembro-me bem.
Era um casarão baixo.
Crianças lambiam o barro das paredes.

Na solidão rondavam cavalos.
Bezerros mascavam a roupa dos vaqueiros.

Chegava que um dia
O homem encontrava cobras dormindo na canga dos bois.
— Sinal de enchente... resmungava ... e dispois grande!
Bentevis se equilibravam como fantasmas patéticos na anca pontiaguda dos cavalos,
Que os meninos perseguiam com os seus arreios...

Vaqueiros vinham sentar-se à porta do galpão, de tarde
Olhando as nuvens...
Galinhas ciscavam por alí, no meio do bamburro.
No algibe repleto, o sapo sentado como um doutor.

As águas subiam... Entravam no rancho.
A mulher se refugiava no jirau com os filhos, e lá ficava dois meses até que as águas baixassem.
O homem chegava de canoa, dava notícias do gado, e dormia.
Que solidão!
Jacarés passeavam dentro da casa, pelas peças vazias, apanhando peixes na gaveta das mesas...

....

Abro os olhos para pensar nos homens que me viram crescer.
Homens tristes como seus cavalos.
Abro os olhos e sinto
E sei
Que a força que me inclina hoje para a terra
Essa avidez que as minhas mãos possuem
E a frescura que minha alma adquire quando as chuvas molham estas plantas,

A vontade de sair sozinho, de noite, e de chorar copiosamente sobre as ruínas —
Sei bem
Que todas essas coisas têm raízes na casa
No menino selvagem que deixava crescer os cabelos
Até caídos na estrada
Colhidos, como flor de lixeira
Na estrada...

Fecho os olhos de novo.
Descanso.

Logo sinto fluir de mim
Como um veio de água saindo dos flancos de uma pedra,
A imagem de meu pai.
Ouço bem seu chamado.
Sinto bem sua presença.
E reconheço o timbre de sua voz:
— Venha, meu filho,
Vamos a ver os bois no campo e as canas amadurecendo ao sol,
Ver a força obscura da terra que os frutos alimenta,
Vamos ouví-la e vê-la:
A terra está úmida e os potros ariscos a riscam de seus empinos e de suas soltas crinas,
Vamos,
Venha ver as cacimbas dormindo repletas!
Venha ver que beleza!
— No bojo quieto das águas robafos engolem lodo!

Abro os olhos.
Não vejo mais meu pai.
Não ouço mais a voz de meu pai.
Estou só.

Estou simples.
Não como essa poderosa voz da terra com que me estás chamando, pai —
Porque as cores se misturam em teu filho ainda
E a nudez e o despojamento não se fizeram em seu canto; mas, simples
Por só acreditar que com meus passos incertos eu governo a manhã
Feito os bandos de andorinha nas frondes do ingazeiro.

O MORTO

I

A chuva lavou
As pessoas do morto
E lavou o morto
Com a sua fisionomia
De torto
E com seus pés de morto
Que arrastava um rio seco
E suas mãos de morto
Onde se dependurou
Insistente, um gesto oco.
À noite enterrou-se
O homem
Na raíz de um muro
Com sua roupa no corpo.
E a chuva regou no horto
Desse vitorioso
Homem morto
Enormes violetas
E uns caramujos férteis...

O MORTO

II

Veja esse morto como esgotou um por um seus segredos.
Sentado como um doutor
Veja que respeito nutre pelo silêncio...
Que morto!
Um piano dormindo no fundo de um poço
Não é mais cômodo do que um homem morto num porto.
Veja que comodidade:
Ele não usará seus dedos secos nunca mais para pegar em moças...
Que morto!

RETRATO

O homem possuia:
Um ocaso
E duas mãos.

Lembrava
Uma rosa seca
Num porto.

Lembrava também
Pássaro adunco
Na ponta de uma península.

Uma tarde
Pousou
(como um pardal)
No banco
De uma praça.

Lembrava:
Um corgo atrás de um sobrado
Um lápis numa ilha.

INFÂNCIA

Coração preto gravado no muro amarelo.
A chuva fina pingando... pingando das árvores...
Um regador de bruços no canteiro.

Barquinhos de papel na água suja das sarjetas...
Baú de folha-de-flandres da avó no quarto de dormir.
Réstias de luz no capote preto do pai.
Maçã verde no prato.

Um peixe de azebre morrendo... morrendo, em dezembro.
E a tarde exibindo os seus
Girassóis, aos bois.

CRÔNICA DO LARGO DO CHAFARIZ

Que Largo!
Dez casebres de banda
Se escorando nos pássaros.

No centro
Um chafariz resseco bota grama pela boca.
Líquenes comem sapatos.

Vidas mortas...
Galinhas ciscam na porta do armazem.
Um menino às seis horas da tarde puxa um bode
pela corda.

Que Largo!
Um negro em trapos dorme encostado a um muro
De pedras secas.

Sossego...
O Largo do Chafariz boceja.
Farmacêutico rengo sobe uma rampa.

ZONA HERMÉTICA

De repente, intrometem-se uns nacos de sonhos;
Uma remembrança de mil novecentos e onze;
Um rosto de moça cuspido no capim de borco;
Um cheiro de magnólias secas. O poeta
Procura compor esse inconsútil jorro;
Arrumá-lo num poema; e o faz. E ao cabo
Reluz com a sua obra. Que aconteceu? Isto:
O homem não se desvendou, nem foi atingido:
Na zona onde repousa em limos

Aquele rosto cuspido e aquele
Seco perfume de magnólias,
Fez-se um silêncio branco... E, aquele
Que não morou nunca em seus próprios abismos
Nem andou em promiscuidade com os seus fantasmas
Não foi marcado. Não será marcado. Nunca será exposto
Às fraquezas, ao desalento, ao amor, ao poema.

O CAVALO MORTO

Na planície um cavalo
Mina em seu couro...
Urubus desplanam
E planam serenos.

O cavalo está enorme e derrete-se.
De sob seu dorso que se faz humus
Uma florzinha azul reponta solidão.

Borboletas amarelas pousam na solidão.

NA RUA MÁRIO DE ANDRADE

Na Rua Mário de Andrade
vou andar —
por ter sido Tarumã
e hoje ser Mário de Andrade

Ainda não sei onde é
mas vou procurar —
na rua Mário de Andrade
vou andar...

Vou ir com Macunaíma
rente às paredes
vou ir com Mário de Andrade

Ele, Mário, me diz: é preciso
flanar...
Eu digo a ele — ó Mário,
era o que eu ia te falar

É preciso flanar em ruas
— os passos levando sempre
para nenhum lugar

E Mário me diz: — Poeta,
nenhum-lugar é o melhor
lugar de um poeta chegar

Não há que ter nem começo
nem fim
essa antiga rua Tarumã

Como serão seus moradores?
Vou até lá
Saberão quem foi esse homem
bom — o da rua Lopes Chaves? Bem —
mas também ele não sabia
quem fora Lopes Chaves

Não há como não saber
quem foi o nome da rua
em que se morou ou vai morar

Se nome de gente, é bom
que ele desapareça
completamente

Não seja mais nem lembrança
nem a sombra de um homem
— como queria o poeta Bandeira

Talvez melhor conservar
rua Tarumã
mas vai ver que lá não existe
um pé de tarumã!
sequer uma criança
que conheça tarumã

Domingo hoje depois
da minha missa
vou para lá
flanar...

Conto que tenha alguma parede
que me surpreenda
com as suas nódoas e seus caramujos
passeando...

Talvez eu veja algum homem lá
que me comova
ou mulher que me deslumbre
ou criança que me entristeça
para o resto da vida

Ou pássaro em alguma árvore
que me aclare o negro dia
com seu canto álacre

Ou poça de chuva na calçada
limpa — que me alimpe o coração.

Uma casa com jardim na frente
e um jardineiro ancião
tocando a raíz de uma flor

Se houver flores nessa rua
Mário de Andrade — a todos nós
ela agradará

Se houver sobrados líricos
com janelas azuis ou verdes — pronto!
nada mais necessário será
para nutrir uns sonhos brancos...

No fundo vê-se o pai lendo
as suas coisas —
a esposa diligencia o almoço
Haverá uma estampa do camponês
de Millet
e os filhos brincando — que ternura!

Ainda não sei como é
a rua Mário de Andrade;
mas vou — a campear —
que sou um campeador de ruas
pequenas... É um fraco que tenho.

Mas,
há de ser como ele foi
essa rua Mário de Andrade: simples
amiga — uma rua companheira —
uma grande alma de rua —

uma rua de óculos, de cara enorme
e de uma enorme ternura debaixo dos óculos...

Rua Mário de Andrade...

CONTINHO À MANEIRA DE KATHARINE MANSFIELD

Perdera mais aquele seu dia encantador que, bem usado, poderia, quem sabe? transformar-se em alguma coisa útil ou de cristal.
Perdera-o entre sonhos e perguntas.
E agora a noite era dos sapos.
E sua boca cheia quase foi entrando para o reino vegetal, escorrendo seiva
E entoando sumarentos beijos. Ela desconfiava.
Os ramos sempre tratavam de adormecer os seus pássaros, friorentos, agasalhando-os.
Dava vontade de saltar pelos muros do quintal onde estava
Ganhar a rua e errar pelos cantos, entre pessoas...
Os braços crescendo, espalhando-se, lavavam-na toda de enormes silêncios.
Seus pés na areia fofa dormiriam... Como raízes?
Sombras acordavam nas trepadeiras.
Se os pensamentos tivessem voz despertariam com certeza os galos empoleirados nas cercas
E as borboletas no pé de tamarindo, e todos os patinhos que estavam dormindo debaixo das árvores.
Lúcia passeia amorosamente seus dedos pelos troncos revelhos, — e sobe.
Agora seu quarto parece impregnar-se de um cheiro bom de mato...

ENCONTRO DE PEDRO COM O NOJO

A rosa reteve Pedro. E a mão reteve a música como paisagem de água na retina.
Era noite no bairro do Flamengo. As pensões de estudantes dormiam nas transversais.
Pedro mergulhado em trevas, no quarto, pensa no rouxinol e na bomba atômica.
As coisas mais importantes lhe aconteciam no escuro, como a surpresa de uma flor desabrochada à noite.
Pedro recebe uma brisa no rosto e se olha, inundado de solidão. Se chorasse poderia dormir depois. Prefere andar.
Pedro carrega a beleza como um prédio em ruínas. Desce as escadas e ganha a rua.
Pedro anda tendo temores esquisitos. Por exemplo: que desapareçam os fracos da face da terra e restem apenas pessoas blindadas de sol.
Teme que desapareçam as criaturas roladas dos abismos de Deus, com seus andrajos, com as suas cicatrizes.
Pensou em plantar uma árvore. Em pensamento viu-se desmembrado, seu corpo espalhado nos pedaços de um espelho.
Entrou numa pequena rua. Viu pássaros roubando suicidas. Meninos carregando escadas. Respirou um odor de mofo e rosas velhas.
Estava bem longe agora de seu quarto pobre. Seu paletó estaria dependurado no cabide. Esmeralda, a mulata se surpreenderia de não encontrá-lo àquela hora.
Pedro começa a esfregar os olhos para espantar Esmeralda; mas ela vinha de flancos nua rolar na aresta dos desejos.

Vinha de chapéu de breu e sonos... Distraiu-se afinal vendo os azulejos roídos pelos peixes do Ministério da Educação.

Pedro ficou parado. Depois entrou no Frege, atraído por um samba. Viu lá dentro um negro sentado com uma clarineta fincada no rosto!

O negro atropelava as pessoas com as suas queixas que escorriam pelas ruas como água. Pedro foi saqueado pela angústia. Cuspiu e retirou-se.

No largo, entre pássaros, acalmou-se. Uma funda sensação de pertencer às coisas mudas, como a folha que pertence à árvore, invadiu-o.

Doce pélago! Pedro saíu leve para junto do mar. Coral e flor de caos ia colher — entre baixios sangrentos.

Seu era o mundo. Dormiu entre pedras. O dia amanheceu em suas mãos.

Pedro entregou-se ao dia, como ao seu musgo se entrega o verde.

Pureza de ruínas nos olhos de Pedro! Estava sujo e coberto de lírios.

Às doze horas Pedro regressou ao quarto. Debaixo da escada um homem dormia como um peixe: a boca descampada úmida e serena. Subiu.

Pedro deitou-se, pensando... A inércia me devora, enraíza-se em meu corpo, como líquenes na pedra — se fico deitado.

Sentia fluir de seus ossos a inércia e brotar de seus dedos, como cardos, o nojo.

Preciso caminhar. Pedro se levanta e vai à janela. Lá fora, bem rente ao muro encardido, uma pereira florida...

Pedro quer nascer do chão. Pedro acha que precisa florir até a altura de uma janela. Oferecer-se
ao luar... e...

Ó propício frio das sombras! Entra Esmeralda autêntica com sol nas carnes e nas palavras. Pedro retorce, quebra Esmeralda nos braços, baba-a toda e a engole.

Agora Pedro vai jiboiar nas ruas de novo. Pedro é louco. Arrasta-se pelos becos com a sua porcaria na alma.

Engole sua anulação como água. O nojo lhe cresce como um braço podre, mirrado. Um braço podre saindo das costas...

Pedro engole a maçã do caos. Vai trôpego deitar-se nas pedras. Esmeralda tritura-o agora.

Tudo que há de noturno está entranhado nas roupas de Pedro. Bebe goles de treva. Liberdade que se evola de ti, no escuro, Pedro! Não percebe.

Cogumelos brotavam de seu ventre, e ocasos. Calangos vinham lamber os seus pés e mascar suas roupas os bois.

Pedro se aproximara das coisas. Para dormir com elas. Pedro deitou-se entre objetos. A terra comia seu abdômen.

A terra cheia de poros, fermentada de raízes, rosas podres, bichos corrompidos, penas de pássaros, folhas e pedras, — o atraíam.

Pedro era um barro ofegante. Como um fruto peco, deixou sua boca no chão, imóvel, aberta.

Tinha de recostá-la na terra e haurir das raízes intumescidas, seiva.

Pedro sabia: todo aquele que não bebe água no solo, secará como cana cortada no pé. Ficou deitado.

Pedro estava só. Deixava-se completamente às coisas, recebendo suas emanações físicas.

Pedro se encostava nas coisas, afagava-as como se elas fossem criaturas íntimas. Pedro era reconstruído.

Agora Pedro ressurge. Vem botando o pescoço para o sol. Despegando-se da escuridão, pesadamente, como um bêbado gordo, e aos pedaços, estraçalhado...

Pedro vem tateando na luz, subindo nas bordas do poço, soltando de sua casca o moliço... Deixa pedaços dele no escuro.

Pedro entra em seu quarto. Está perfeito e pobre. Poderemos sequer fazer uma idéia de que resultará do encontro de um homem com o nojo?
Agora Pedro está dormindo.

COMPÊNDIO PARA USO DOS PÁSSAROS
(1961)

— *Que era quê?*
— *Essas coisas ...*

— ....

O vaqueiro Abel : *não-entender, não-entender, até se virar menino.*
O vaqueiro José Uéua : *jogar nos ares um montão de palavras, moedal.*
O vaqueiro Noró: *conversação nos escuros se rodeando o que não se sabe.*
O vaqueiro Tadeu : *queria era que se achasse para ele o quem das coisas!*
O vaqueiro Calixto : *essas coisas que o Grivo falou:* — Sabiá na muda : ele escurece o gorjeio... Pássaro no mato em toda parte voa torto — por causa de acostumado com as grades das árvores...

João Guimarães Rosa

I
DE MENINOS E DE PÁSSAROS

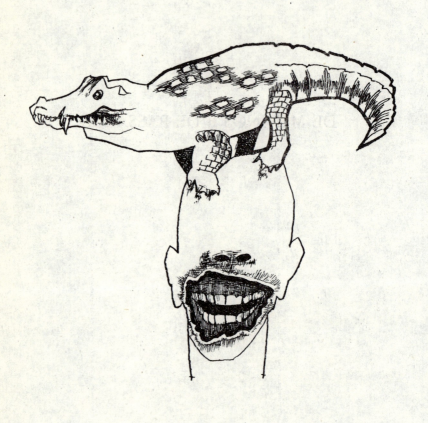

POEMINHAS PESCADOS NUMA FALA DE JOÃO

I

O menino caiu dentro do rio, *tibum,*
ficou todo molhado de peixe...
A água dava rasinha de meu pé.

II

João foi na casa do peixe
remou a canoa
depois, *pan,* caiu lá embaixo
na água. Afundou.
Tinha dois pato grande.
Jacaré comeu minha boca do lado de fora.

III

Nain remou de uma piranha.
Ele pegou um pau, *pum!,*
na parede do jacaré...

Veio Maria-preta fazeu três araçás pra mim.
Meu bolso teve um sol com passarinhos.

IV

De dia apareceu uma cobrona
debaixo de João.
Eu matei a boca pequenininha daquela cobra.
Ninguém não tinha um rosto com chão perto.

V

De minha mão dentro do quarto
meu lambarizinho
escapuliu — ele priscava
priscava
até cair naquele
corixo.
E se beijou todo de água!
Eu se chorei...
Vi um rio indo embora de andorinhas...

VI

Escuto o meu rio:
é uma cobra
de água andando
por dentro de meu olho

VII

O sapo de pau
virou chão...

O boi piou cheio de folhas com água.
Eu ia no mato sozinho.
O cocô de capivaras era rodelinhas — bola de gude
Eu quebrei uma com meu sapato.
Todas viraram chão também.

VIII

Você viu um passarinho abrido naquela casa
que ele veio comer na minha mão?
Minha boca estava seca
igual do que uma pedra em cima do rio

IX

Vento?
Só subindo no alto da árvore
que a gente pega ele pelo rabo...

A MENINA AVOADA

Para Martha

I

Vi um pato andando na árvore...
Eu estava muito de ouro de manhã
perto daquele portão —
Veio um gatinho debaixo de minha
janela ficou olhando para meu pé rindo...

Então eu vi iluminado em cima de
nossa casa um sol!
E o passarinho com uma porcariínha
no bico se cantou.
Fiquei toda minada de sol na minha boca!

II

Quis pegar
entre meus dedos
a Manhã.
Peguei vento.

Ó sua arisca!

Nas ruas do vento
brincavam os passarinhos
perto de meu quarto
junto do pomar.

Esses passarinhos
sempre eram fedidos a árvores com rios
que eles traziam da mata
antes de chover

III

Manhã ?
Era eu estar sumida de mim e todo-mundo
me procurando na Praça
   estar viajando pelo chão
que a água é atrás
   até ficar árvores
   com a boca pendurada para os passarinhos...

IV

Um barco eu inventei
de minhoquinhas...
Ele ia torto no rego.

Pendurei por fora
meu vaso de luar
veio aquele pardal
bebeu na água de cima.

Saiu ferido
de muitas flautas;
mas não cantou no chão
só pispinicou
Ah, seu passarinho espora,
você vai ser meu chapa, será?
Minha tarde um pouco ficou
parada de eu espiar suas artes...

V

Uma cerca
veio perseguindo
o meu trem, que veio
quando anoiteceu...
(essa noite andou bebeu água no rio
caminhou debaixo de paus aproveitou
fez muitos urubus panhou sombras com mato
sujou em cima de uma casa
subiu no tronco do céu
e agora está derramando frutos
nos lábios do cheiroso molhado...)

—Você não viu?

VII

Você brincou de mim que uma borboleta
no meu dedo tinha sol?
Você ia pegar agora
o que fugiu de meu rosto agora?

Na beira da pedra aquele cardeal,
você viu?, fez um lindo ninho
escondido bem
para a gente não ir apanhar
seus filhotes, que bom.

Ó meu cardeal,
você não é um sujeito brocoió à-tôa!
Você é um passarinho de atravessado...

VII

Pedro veio na calçada — ele recuava
as mãozinhas da praça e as punha
no bolso — era flor!
Quando aparecia mais perto
estava escorrendo de sol pelas pernas...

VIII

Molhava todo meu vestido outra vez
de estar com cheiro de passarinho
perto daquele sobradão...
Eu ficava dentro do meu quarto lá no
alto vendo para o mar.
Molhava todo meu rosto de mar.

IX

Meu irmão apreciava
de estar o puro entardecer
dentro de suas mãos
carregadinhas de amor

E a terra se merecia
de dar naquelas mãos até flor;
Sobre a minha casa eu pousei
coberta de cantos.

X

O bigode do pai crescia no quarto.
João, caíndo aos restos de ninho, chegava
cheirando a pássaros com ilhas.
Ia buscar minha boca e voltava do
mato em perfumes...
Árvore?
Era a terra debaixo dela ser escura...

XI

O rio pastava
os sussurros da noite
nos luarais de eu ter olhos azuis

XII

Eu estava encostada naquela árvore
muito azul quase
   e veio um raiozinho de sombra era
de tarde na minha boca.

    Ele me segurou entre os dedos.
    Fiquei brilhante com meus cabelos
lavados...
    Então dei um salto
    muito leveza
    muito
    pro vento
    e no bico de uma sabiá eu fiquei
de ouro
    a cantar
    a cantar...

XIII

O riacho
que corre por detrás de casa
cria uma espécie de madrugada rasteira
de viçar meninos...

XIV

O boi de pau?
Eram meninos ramificados nos rios
que lhe brincavam...

O boi
de pau
era tudo que a gente
quisesse que sêsse:
ventos
o azul passando nas garças o seu céu
as árvores que praticam sabiás
e sapo —

sapo se adquirindo
na terra...

O boi de pau
é um rio
é meu cavalo de pau...

XV

Ainda estavam verdes as estrelas
   quando eles vinham
com seus cantos rorejados de lábios.
Os passarinhos se molhavam de
   vermelho na manhã
e subiam por detrás de casa para me
espiarem pelo vidro.
   Minha casa era caminho de um vento
comprido comprido que ia até no fim do mundo.
   O vento corria por dentro do mundo
corria lobinhando — ninguém
   não via ele
com sua cara de alma.

O MENINO E O CÓRREGO

Ao Pedro

I

A água
é madura.
Com penas de garça.

Na areia tem raiz
de peixes e de árvores.

Meu córrego é de sofrer pedras
Mas quem beijar seu corpo
é brisas...

II

O córrego tinha um cheiro
de estrelas
nos sarãs anoitecidos

O córrego tinha
suas frondes
distribuídas

aos pássaros
O corgo ficava à beira
de um menino...

III

No chão da água
luava um pássaro
por sobre espumas
de haver estrelas

A água escorria
por entre as pedras
um chão sabendo
a aroma de ninhos.

IV

Ai
que transparente

aos vôos
está o córrego!
E usado
de murmúrios...

V

Com a boca escorrendo chão
o menino despetalava o córrego
  de manhã todo no seu corpo.

A água do lábio relvou entre pedras...

Árvores com o rosto arreiado
  de seus frutos
  ainda cheiravam a verão
Durante borboletas com abril
esse córrego escorreu só pássaros...

NOÇÕES SOBRE JOÃO-FERREIRO

Passarinho joão-ferreiro o seu bico
  é fibroso em líquen viçar nas
    pedras
que ele punge fundo
até dar na rã.

Seus pios enramados
de muito se sonhar
vêm ferir sobre mim
com um ar de triste ar

De dia se esconde o
joão-ferreiro nos resíduos
do que procurou —
à noite no que se escondeu

Se à noite outra boca
prospera de um terreno
      para ele —
joão cai nas árvores

Nesse gosto de obedecer pra árvores
muito embaraçadas de sol nos lábios
      das águas
joão-ferreiro dorme.
Dorme atrás de suas penas
que andam em rumorejos...

Pássaro esquerdo!
Arrimo de garoas...
      Ele sabe a corgos
      gastos por passarinhos...

Seu caminho consiste para um esvôo rente
      rente até o chão ervar-se
      de seu corpo.

Nas brisas da manhã
grama fácil
seu adejo

Não limpa sombra de gorjeios.

Desova, manhãzinha,
na ínsua
que seus embaixos com limos
pertencem dos caramujos

E entrega seu canto assim sujo mesmo
       de ir trazer das grotinhas cabelentas
é pedra com titica de aves
é galhos empassarados de sol...

UM BEM-TE-VI

O leve e macio
raio de sol
se põe no rio.
Faz arrebol...

Da árvore evola
amarelo, do alto
bem-te-vi-cartola
e, de um salto

pousa envergado
no bebedouro
a banhar seu louro

pelo enramado...
De arrepio, na cerca
já se abriu, e seca.

II
EXPERIMENTANDO A MANHÃ NOS GALOS

EXPERIMENTANDO A MANHÃ NOS GALOS

... poesias, a poesia é

— é como a boca
dos ventos
na harpa

nuvem
a comer na árvore
vazia que
desfolha noite

raíz entrando
em orvalhos...

os silêncios sem poro

floresta que oculta
quem aparece
como quem fala
desaparece na boca

cigarra que estoura o
crepúsculo
que a contém

o beijo dos rios
aberto nos campos
espalmando em álacres
os pássaros

— e é livre
como um rumo
nem desconfiado...

COISAS MANSAS

Coisas mansas, de sela, andavam por
   ali bebendo água...
Ventava
sobre azáleas
e municípios.

Ventinho de pêlo!
Monto nele e vou
experimentando a manhã nos galos...

Ó este frescor! como um afluente
   de tua boca...

CAMINHADA

Eu vinha aquela tarde pela terra
fria de sapos...
O azul das pedras tinha cauda e canto.

De um sarã espreitava meu rosto um passarinho.
Caracóis passeavam com róseos casacos ao sol.
As mãos cresciam crespas para a água da ilha.

Começaram de mim a abrir roseiras bravas.
Com as crinas a fugir rodavam cavalos
investindo os orvalhos ainda em carne.

De meu rosto se viam ribeiros...

Limpando da casa-do-vento os limos
no ar minha voz pisava...

AQUELA MADRUGADA

Aquela madrugada
vinham cheiros em minha boca.
De longe
de todos os matos
vinham cheiros de frutas
que ela vinha.
Vinha o que de noite
os pássaros estavam dormindo
o que os regos

estavam murmurando
e o que as árvores
falam pros joão-pintos...
Vinham também
esses começos de coisas
indistintas:
o que a gente esperou dos sonhos
os cheiros do capim
e o berro dos bezerros
sujos a escamas cruas...

NO FIM DE UM LUGAR

No fim de um lugar
você veio ficou de pé
no espinheiro pedrento do rochedo
e se atravessava uma coisinha branca na voz.

Eu fui na garupa
com os frios da noite
por cajus amarelos
debruçados à cerca.

Em torno fazia um pássaro
que seu canto finge com águas...
Você se beiradeava.
Eu me escorei o rosto nos silêncios.

Fui buscar um gosto leve
naquilo árvore
naquilo casa-de-pássaros.
— Você me esperava?

Que outra era esperada
no recanto de meu abandono
quando não vinha você
naquele lugar de minha mão?

Eu não sei bem o que houve
no fim desse lugar
pois andou nele a raiz
de uma voz que crescia na relva dos peixes.

Crescia de teu lábio
essa voz úmida que me buscava
sobre os cascalhos verdes
junto de outro corpo.

Eu andava com meus dedos
a colher outros frutos raros...
Por que você já não vinha
malhar sob os meus galhos?

Não espiei contudo
quem escorria de mim outrora.
Ervinhas subideiras
trepavam de meu casaco.

Agarrado aos muros
ainda a brotar esta flor de sonho
um pouco de meu rosto
ficou eivado desse lugar...

TENTAÇÃO

Morro abaixo, de repente, uma boca
   começou a granar para ele

começou a crescer
começou a crescer com maduros
bem maduros, até escorrer exausta
   sobre todo seu corpo...

Menso, muito no começo dele, estancou
e sem entender nada.

Não se viam indícios do que fora
nem onde existira mais, um pouco
   recuado em si, se esgueirando...

Houvesse inferno, houvesse?
Ladeou. Não seria um exíguo atalho?
Uma fuga com argola?

Árduo assunto: como um mendigo descido
   à força de sua folha de jornal...

Oh vôo pontudo de bico no rochedo súbito!
Rosto espatifado no vento...

NA FAZENDA

Barulhinho vermelho de cajus
e o riacho passando
nos fundos do quintal...

Dali
se escutavam os ventos com a boca
como um dia ser árvore.

Eu era lutador de jacaré.
As árvores falavam.
Bugre Teotônio bebia marandovás.

Víamos por toda parte cabelos misgalhadinhos
   de borboletas...

Abriu-se
uma pedra
certa vez:
os musgos
eram frescos...

As plantas
me ensinavam de chão.
Fui aprendendo com o corpo.

Hoje sofro de gorjeios
nos lugares puídos de mim.
Sofro de árvores.

UM NOVO JÓ

> *Porquanto
> como conhecer as coisas senão sendo-as?*
> Jorge de Lima

Desfrutado entre bichos
raízes, barro e água
o homem habitava
sobre um montão de pedras.

Dentro de sua paisagem
— entre ele e a pedra —
crescia um caramujo.

Davam flor os musgos...
Subiam até o lábio
depois comiam toda a boca
como se fosse uma tapera.

Convivência de murta
e rãs... A boca de raiz
e água escorria barro...

Bom era
sobre um pedregal frio
e limoso, dormir!
Ao gume de uma adaga
tudo dar.

Bom era ser bicho
que rasteja nas pedras;
ser raiz de vegetal
ser água.

Bom era caminhar sem dono
na tarde
com pássaros em torno
e os ventos nas vestes amarelas.

Não ter nunca chegada
nunca optar por nada.
Ir andando pequeno sob a chuva
torto como um pé de maçãs.

Bom era entre botinas
tronchas, pousar depois...
como um cão
como um garfo esquecido na areia.

Ir a terra me recebendo
me agasalhando
me consumindo como um selo
um sapato
como um bule sem boca...

Ser como as coisas que não têm boca!
Comunicando-me apenas por infusão
por aderências
por incrustrações... Ser bicho, crianças,
   folhas secas!

Ir criando azinhavre nos artelhos
a carne enferrujada
desfeita em flor de ave, vocábulos, ícones.
Minhas roupas como um reino de traças.

Bom era
ser como o junco
no chão: seco e oco.
Cheio de areia, de formiga e sono.
Ser como pedra na sombra (almoço de musgos)
Ser como fruta na terra, entregue
aos objetos...

GRAMÁTICA EXPOSITIVA DO CHÃO
(1969)

I

PROTOCOLO VEGETAL

1.

Trata de episódio que veio a possibilitar a descoberta de um caderno de poemas

    Prenderam na rua um homem que entrara na prática do limo

    lista dos objetos apreendidos no armário gavetas buracos de parede, pela ordem: 3 bobinas enferrujadas 1 rolo de barbante 8 armações de guarda-chuva 1 boi de pau 1 lavadeira renga de zinco (escultura inacabada) 1 rosto de boneca — metade carbonizado — onde se achava pregado um caracol com a sua semente viva 3 correntes de latão 1 caixa de papelão contendo pregos ruelas zíperes e diversas cascas de cigarras estouradas no verão 1 caneco de beber água 1 boneco de pano de 50 centímetros de altura com inscrições nas costas "O FANTASMA DE OLHOS COSTURADOS" 2 senhoras da zona (esculturas em mangue) 29 folhas de caderno com escritos variados sob os títulos abaixo:

a — 29 escritos para conhecimento do chão através de
São Francisco de Assis
b — protocolo vegetal
c — retrato do artista quando coisa
d — a criatura sem o criador
e — você é um homem ou um abridor de lata?

e mais os seguintes pertences de uso pessoal:
    o pneu o pente
    o chapéu a muleta
    o relógio de pulso
    a caneta o suspensório
    o capote a bicicleta
    o garfo a corda de enforcar
    o livro maldito a máquina
    o amuleto o bilboquê
    o abridor de lata o escapulário
    o anel o travesseiro
    o sapo seco a bengala
    o sabugo o botão
    o menino tocador de urubu
    o retrato da esposa na jaula
    e a tela

2.

Descrição da tela pelo Dr. Francisco Rodrigues de Miranda, amigo do preso.

o artista recolhe neste quadro seus companheiros pobres do chão: a lata a corda a borra vestígios de árvores, etc.

realiza uma colagem de estopa arame tampinha de cerveja pedaços de jornal pedras e acrescenta inscrições produzidas em muros — números truncados caretas pênis coxas (2) e 1 aranha febril

   tudo muito manchado de pobreza e miséria que se não engana é da cor encardida entre amarelo

   e gosma

3.

Seria o homem do Parque?

   o homem tinha 40 anos de líquenes no Parque

   era forte de ave

   gafanhotos usavam sua boca

   quase sempre nos intervalos para o almoço
   era acometido de lodo

   à noite seria carregado por formigas até as
   bordas de um lago

   madrugada contraía orvalho nas escamas e na
   marmita

4.

Palavras de Lúcio Ayres Fragoso, professor de física em São Paulo, compadre do preso, a título de esclarecimento à Polícia.

para começar ninguém jamais garantiu que coisa
era aquele bicho

o mal-traçado?
o tritão dorminhoco?
o irmão desaparecido de Chopin?
o homem de borracha?

conheci-o
em seu escritório
jogando bilboquê

era sempre arrastado para lugares com musgo

por meio de ser árvore podia adivinhar se a
terra era fêmea e dava sapos

via o mundo como a pequena rã vê a manhã
de dentro de uma pedra

pela delicadeza de muitos anos ter se agachado
nas ruas para apanhar detritos — compreende
o restolho

a esse tempo lê Marx

tem mil anos

tudo que vem da terra para ele sabe a lesma

é descoberto dentro de um beco
abraçado no esterco
que vão dinamitar

antes de preso fora atacado por uma depressão mui pe-
culiar que o fizera invadir-se pela indigência: uma depres-

são tão grande dentro dele como a ervinha rasteira que num terreno baldio cresce por cima de canecos enferrujados pedaços de porta arcos de barril...

era de profissão *encantador de palavras*

ninguém o reconheceria mais

resíduos de Raskolnikof encardiam sua boca de Pierrô muito comida de tristeza

e sujo

5.

Anti-salmo por um desherói

    a boca na pedra o levara a cacto
    a praça o relvava de passarinhos cantando
    ele tinha o dom da árvore
    ele assumia o peixe em sua solidão

    seu amor o levara a pedra
    estava estropiado de árvore e sol
    estropiado até a pedra
    até o canto
    estropiado no seu melhor azul
    procurava-se na palavra rebotalho
    por cima do lábio era só lenda
    comia o ínfimo com farinha
    o chão viçava no olho
    cada pássaro governava sua árvore

Deus ordenara nele a borra
o rosto e os livros com erva
andorinhas enferrujadas

II

O HOMEM DE LATA

A Paulino de Souza

O homem de lata
arboriza por dois buracos
no rosto

O homem de lata
é armado de pregos
e tem natureza de enguia

O homem de lata
está na boca de espera
de enferrujar

O homem de lata
se relva nos cantos
e morre de não ter um pássaro
em seus joelhos

O homem de lata
traz para a terra
o que seu avô
era de lagarto

o que sua mãe
era de pedra
e o que sua casa
estava debaixo de uma pedra

O homem de lata
é uma condição de lata
e morre de lata

O homem de lata
tem beirais de rosa
e está todo remendado de sol

O homem de lata
mora dentro de uma pedra
e é o exemplo de alguma coisa
que não move uma palha

O homem de lata
é um iniciado em abrolhos
e usa desvio de pássaro
nos olhos

No homem de lata
amurou-se uma lesma
fria
que incide em luar

Para ouvir o sussurro
do mar
o homem de lata
se inscreve no mar

O homem de lata
se devora de pedra
e de árvore

O homem de lata
é um passarinho
de viseira:
não gorjeia

Caído na beira
do mar
é um tronco rugoso
e cria limo
na boca

O homem de lata
sofre de cactos
no quarto

O homem de lata
se alga
no Parque

O homem de lata
foi atacado de ter folhas
e se arrasta
em seus ruídos de relva

A rã prega sua boca
irrigada
no homem de lata

O homem de lata
infringe a lata
para poder colear
e ser viscoso

O homem de lata
empedra em si mesmo
o caramujo

O homem de lata
anda fardado de camaleão

O homem de lata
se faz um corte
na boca
para escorrer
todo o silêncio dele

O homem de lata
está a fim
de árvore

O homem de lata
é um caso
de lagartixa

O homem de lata
é resto anuroso
de pessoa

O homem de lata
está todo estragado
de borboleta

O homem de lata
foi marcado a ferro e fogo
pela água.

III

PÁGINAS 13, 15 e 16 DOS "VINTE E NOVE ESCRITOS PARA CONHECIMENTO DO CHÃO ATRAVÉS DE S.FRANCISCO DE ASSIS"

O chão reproduz
do mar
o chão reproduz para o mar
o chão reproduz
com o mar

O chão pare a árvore
pare o passarinho
pare a
rã — o chão
pare com a rã
o chão pare de rãs
e de passarinhos
o chão pare
do mar

O chão viça do homem
no olho
do pássaro, viça
nas pernas
do lagarto (1)
e na pedra

(1) O LAGARTO — *O lagarto / pode ser
encontrado em lugares alagadiços / nas chapadas
ressecas / nas sociedades por comandita / nos
sambaquis: ao lado das praias sem dono
explorando / conchas mortas; / nas passeatas a
favor da família e da pátria / e / segundo narra a
história / um desses bichos foi apalpado pelo servo
Jó / sobre montão de pedras / quando este
raspava com um caco de telhas / a podridão que
Deus lhe dera. / O lagarto / é muito encontradiço
também / nas regiões decadentes / arrastando-se
por sobre paredes do mar como a ostra / e sua
fruta orvalhada. / Parece que a lagarta grávida se
investe nas funções de uma pedra seca / passando
setembro / e / sentindo precisão de escuros para
seu desmusgo / se encosta em uma lapa úmida / e
ali desova / — ninguém sabe. / Pode o lagarto
ainda / ser visto pegando sol / nas praias / com
seus olhinhos fixos / mastigando flor...*

Na pedra
o homem empeça
de colear
Colear
advém de lagarto
e não incorre em pássaro

Colear induz
para rã
e caracol (2)

---

(2) O CARACOL — *Que é um caracol?* um
caracol é: / a gente esmar / com os bolsos cheios
de barbante, correntes de latão / maçanetas,
gramofones / etc./ Um caracol é a gente ser: / por
intermédio de amar o escorregadio / e dormir nas
pedras. / É: / a gente conhecer o chão por

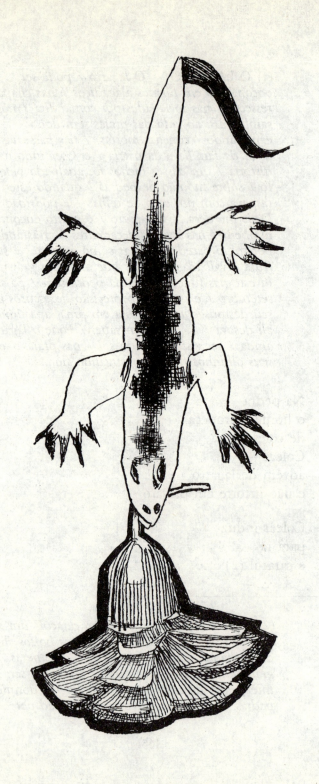

*intermédio de ter visto uma lesma / na parede / e
acompanhá-la um dia inteiro arrastando / na pedra
/ seu rabinho úmido / e / mijado. / Outra de caracol:
/ é, dentro de casa, consumir livros cadernos e / ficar
parado diante de uma coisa / até sê-la. / Seria: / um
homem depois de atravessado por ventos e rios turvos
/ pousar na areia para chorar seu vazio. / Seria ainda:
/ compreender o andar liso das minhocas debaixo da
terra / e escutar como os grilos / pelas pernas. / Pessoas que conhecem o chão com a boca como processo
de se procurarem / essas movem-se de caracóis! / Enfim, o caracol: / tem mãe de água / avô de fogo / e
o passarinho nele sujará. / Arrastará uma fera para o
seu quarto / usará chapéus de salto alto / e há de ser
esterco às suas próprias custas!*

Colear
sofre de borboleta
e prospera
para árvore
Colear
prospera
para o homem

O homem se arrasta
de árvore
escorre de caracol
nos vergéis
do poema

O homem se arrasta
de ostra
nas paredes
do mar

O homem (3)
é recolhido como destroços

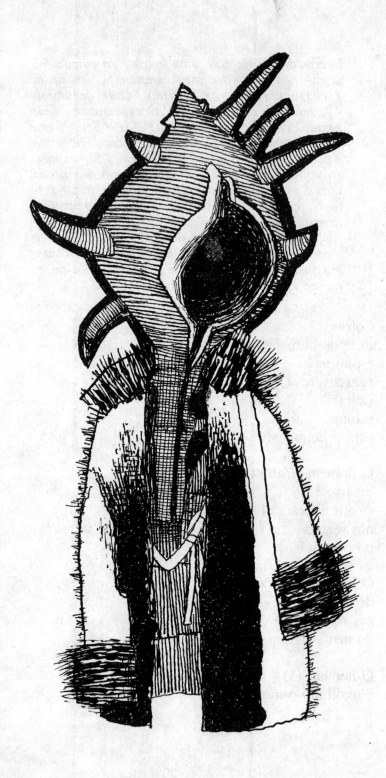

de ostras, traços de pássaros
surdos, comidos de mar

---

    (3) O NOSSO HOMEM:
        ... Como Akáki Akákievitch, que amava só o seu
        capote,
        ele bate continência para pedra!
        Ele conhece o canto do mar grosso de pássaros,
        a febre
        que arde na boca da ostra
        e a marca do lagarto na areia.
        Esse homem
        é matéria de caramujo.

O homem
se incrusta de árvore
na pedra
do mar.

IV

A MÁQUINA DE CHILREAR
E SEU USO DOMÉSTICO

O POETA (*por trás de uma rua minada de seu rosto andar perdido nela*)
— Só quisera trazer pra meu canto o que pode ser carregado como papel pelo vento

A LUA (*com a noite nos lábios*)
— Pelo nome do rosto se apostava que era cálido

O PÁSSARO (*olhos enraizados de sol*)
— Ainda que seu corpo permanecesse ardendo, o amor o destruiria

O CÓRREGO (*perdido de borboletas*)
— O dia todo ele vinha na pedra do rio escutar a terra com a boca e ficava impregnado de árvores

O PÁSSARO (*em dia ramoso, roçando seu rosto na erva dos ventos*)
— Há réstias de dor em teus cantos, poeta, como um arbusto sobre ruínas tem mil gretas esperando chuvas...

O CÓRREGO (*apertado entre dois vagalumes*)
— ... como no fundo de um homem uma árvore não ter pássaros!

O MAR (*encostado na rã*)
— Em cima das casas um menino avino assobia de sol!

O SOL (*sobre caules de passarinhos e pedras com rumores de rios antigos*)
— Iam caindo umas folhas de mar sobre as casas dos homens

A ESTRELA (*sentada nos ombros de Ezequiel, o profeta, em Congonhas do Campo*)
— ... e o silêncio escorava as casas!

O POETA (*se usando em farrapos*)
— Meu corpo não serve mais nem para o amor nem para o canto

O CARAMUJO (*olhos embaraçados de noite*)
— E a Máquina de Chilrear , Poeta?

A ÁRVORE (*desinfluída de cantos*)
— É possessão de ouriços

A RÃ (*de dentro de sua pedra*)
— ... sua voz parece vir de um poço escuro

O PÁSSARO (*cheiroso som de asas no ar*)
— Ela está enferrujada

A ÁRVORE (*apoderada de estrelas*)
— Até o chão se enraíza de seu corpo!

O CÓRREGO (*no alto de seus passarinhos*)
— Ervas e grilos crescem-lhe por cima

O PÁSSARO (*submetido de árvores*)
— A Máquina de Chilrear está enferrujada e o limo apodreceu a voz do poeta

CHICO MIRANDA (*na rua do Ouvidor*)
— O poeta é promíscuo dos bichos, dos vegetais, das pedras. Sua gramática se apóia em contaminações sintáticas. Ele está contaminado de pássaros, de árvores, de rãs

A ESTRELA (*com ramificações de luar*)
— Muitos anos o poeta se empassarou de escuros, até ser atacado de árvore

O POETA (*lesmas comendo seus cadernos relógios telefones*)
— Ai, meu lábio dormia no mar estragado!

O MAR (*restos de crustáceos agarrados em suas pernas*)
— Parecia ter dado à praia como um pedaço de pau

A FORMIGA (*carregando um homem na rua, de atravessado*)
— Eu vi o chão, era uma boca de gente comida de lodo!

O POETA (*ventos o assumindo como roupas*)
— Os indícios de pessoas encontrados nos homens eram apenas uma tristeza nos olhos que empedravam

O CARAMUJO (*se tirando de escuros, cheirando a seus frutos*)
— Restos de pessoas saindo de dentro delas mesmas aos tropeços, aos esgotos, cheias de orelhas enormes como folhas de mamona

O CÓRREGO (*mudando de passarinhos entardecentes*)
— Mas o que trinca está maduro, poeta

O POETA (*ensinado de terra*)
— Amar é dar o rosto nas formigas

A PÁSSARA (*nas frondes do mar*)
— Meus filhos também construiram suas casas com vigas de chuva

FRANCISCO (*cumprimentando aos arbutos*)
— Olhai os cogumelos pondo as bocas!

V

A MÁQUINA:
A MÁQUINA SEGUNDO H.V.,
O JORNALISTA

A Máquina mói carne
excogita

atrai braços para a lavoura
não faz atrás de casa
usa artefatos de couro
cria pessoas à sua imagem e semelhança
e aceita encomendas de fora

A Máquina
funciona como fole de vai e vem
incrementa a produção do vômito espacial
e da farinha de mandioca
influi na Bolsa
faz encostamento de espáduas
e menstrua nos pardais

A Máquina
trabalha com secos e molhados
é ninfômana
agarra seus homens
vai a chás de caridade
ajuda os mais fracos a passarem fome
e dá às crianças o direito inalienável ao
    sofrimento na forma e de acordo com
    a lei e as possibilidades de cada uma

A Máquina engravida pelo vento
fornece implementos agrícolas
condecora
é guiada por pessoas de honorabilidade consagrada, que
não defecam na roupa!

A Máquina
dorme de touca
dá tiros pelo espelho
e tira coelhos do chapéu

A Máquina tritura anêmonas
não é fonte de pássaros (1)
etc.
etc.

---

(1) *isto é: não dá banho em minhoca / atola na pedra / bota azeitona na empada dos outros / atravessa períodos de calma / corta de machado / inocula o vírus do mal / adota uma posição / deixa o cordão umbelical na província / tira leite de veado correndo / extrae víceras do mar / aparece como desaparece / vai de sardinha nas feiras / entra de gaiato / não mora no assunto e no morro (...)*

VI

DESARTICULADOS PARA VIOLA DE COCHO

> Compadre Amaro: — Vai chuvê, irimão
> Compadre Ventura: — Pruquê, irimão?
> Compadre Amaro: — Saracura tá cantando
> Compadre Ventura: — Ué, saracura é Deusi?,
> se fosse imbusi, sim...
>
> NETO BOTELHO, in *Psicologia das mulatas do Catete, O vaqueiro metafísico e outras estórias demais.*

— Cumpadre antão
me responda: quem coaxa
exerce alguma raiz?

— Sapo, cumpadre, enraíza-se
em estrumes de anta

— E lagartixa,
que no muro anda,
come o quê?

— Come a lagartixa,
o musgo que o muro.
Senão.

— E martelo
grama de castela, móbile
estrela, bridão
lua e cambão
vulva e pilão, elisa
valise, nurse
pulvis e aldabras, que são?

— Palabras.

— E máquina
de dor
é de a vapor? brincar
de amarelinha
tem amarelos?
as porteiras do mundo
varas têm?

— Têm conformes.

— E o que grota
greta
lapa e lura são?

— São aonde o lobo
o coelho
e o erótico

— Cumpadre, e longe
é lugar nenhum

ou tem sitiante?

— Só se porém.

— E agora vancê confirme: pardal
é o esperto? roupa
até usa
dos espantalhos?

— É esperto, cumpadre,
não cai
do galho.

MATÉRIA DE POESIA
(1974)

A Antônio Houaiss

I

MATÉRIA DE POESIA

1.

Todas as coisas cujos valores podem ser
disputados no cuspe à distância
servem para poesia

O homem que possui um pente
e uma árvore
serve para poesia

Terreno de 10x20, sujo de mato — os que
nele gorjeiam: detritos semoventes, latas
servem para poesia

Um chevrolé gosmento
Coleção de besouros abstêmios
O bule de Braque sem boca
são bons para poesia

As coisas que não levam a nada
têm grande importância

Cada coisa ordinária é um elemento de estima

Cada coisa sem préstimo
tem seu lugar
na poesia ou na geral

O que se encontra em ninho de joão-ferreira:
caco de vidro, garampos,
retratos de formatura,
servem demais para poesia

As coisas que não pretendem, como
por exemplo: pedras que cheiram
água, homens
que atravessam períodos de árvore,
se prestam para poesia

Tudo aquilo que nos leva a coisa nenhuma
e que você não pode vender no mercado
como, por exemplo, o coração verde
dos pássaros,
serve para poesia

As coisas que os líquenes comem
— sapatos, adjetivos —
têm muita importância para os pulmões
da poesia

Tudo aquilo que a nossa
civilização rejeita, pisa e mija em cima,
serve para poesia

Os loucos de água e estandarte
servem demais
O traste é ótimo
O pobre-diabo é colosso

Tudo que explique
   o alicate cremoso
   e o lodo das estrelas
serve demais da conta

Pessoas desimportantes
dão pra poesia
qualquer pessoa ou escada

Tudo que explique
   a lagartixa de esteira
   e a laminação de sabiás
é muito importante para a poesia

O que é bom para o lixo é bom para a poesia

Importante sobremaneira é a palavra repositório;
a palavra repositório eu conheço bem:
   tem muitas repercussões
como um algibe entupido de silêncio
   sabe a destroços

As coisas jogadas fora
têm grande importância
— como um homem jogado fora

Aliás é também objeto de poesia
saber qual o período médio
que um homem jogado fora
pode permanecer na terra sem nascerem
em sua boca as raízes da escória

As coisas sem importância são bens de poesia

Pois é assim que um chevrolé gosmento chega
ao poema, e as andorinhas de junho.

2.

Muita coisa se poderia fazer em favor da poesia:

a — Esfregar pedras na paisagem.

b — Perder a inteligência das coisas para vê-las.
(Colhida em Rimbaud)

c — Esconder-se por trás das palavras para mostrar-se.

d — Mesmo sem fome, comer as botas. O resto em Carlitos.

e — Perguntar distraído : — *O que há de você na água?*

f — Não usar colarinho duro. A fala de furnas brenhentas de Mário-pega-sapo era nua. Por isso as crianças e as putas do jardim o entendiam.

g — Nos versos mais transparentes enfiar pregos sujos, terens de rua e de música, cisco de olho, moscas de pensão...

h — Aprender a capinar com enxada cega.

i — Nos dias de lazer, compor um muro podre para os caramujos

j — Deixar os substantivos passarem anos no esterco, deitados de barriga, até que eles possam carrear para o poema um gosto de chão — como cabelos desfeitos no chão — ou como o bule de Braque — áspero de ferrugem, mistura de azuis e ouro — um amarelo grosso de ouro da terra, carvão de folhas.

l — Jogar pedrinhas nim moscas...

3.

Então, — os meninos descobriram que amor
Que amor com amor
Que um homem riachoso escutava os sapos
E o vento abria o lodo dos passáros.

Um garoto emendava uma casa na outra com urina
Outros sabiam a chuvas. E os cupins
Comiam pernas de armário, amplificadores, ligas
religiosas...

Atrás de um banheiro de tábuas a poesia
Tirava as calcinhas pra eles
Ficavam de um pé só para as palavras —
A boca apodrecendo para a vida !

De tarde
Desenterraram de dentro do capinzal
Um braço do rio. Já estava com cheiro.
Grilos atarrachados no brejo pediam socorro.

De toalha no pescoço e anzol no peixe
Eles foram andando...
Botavam meias-solas nas paisagens
E acendiam estrelas com lenha molhada.

Acharam no roseiral um boi aberto por borboletas
Foi bom.
Viram casos de ostras em canetas
E ajudaram as aves na arrumação dos córgos

A todo momento eles davam com a rã nas calças
Cada um com a sua escova
E seu lado de dentro. Apreciavam
Desamarrar os cachorros com linguiça.

À margem das estradas
Secavam palavras no sol como os lagartos
Passavam brilhantina nos bezerros. E
Transportavam lábios de caminhão...

Nunca poucos fizeram tantos de pinico!
Só iam para casa de lado — como uma pessoa
Que tem cobra no bolso.
    E para cada mão — os cinco dedos de palha.

II

COM OS LOUCOS DE ÁGUA E ESTANDARTE

1.

Um João foi tido por concha.
Atrapalhava muito ser árvore — assim como
atrapalhava muito
estar colado em alguma pedra

Seu rosto era trancado
com dobradiças de ferro
para não entrar cachorro

Só um poço merejava por fora dele
e sapos descangotados de luar...

Esse João desenhava no esconso :
— Quem salvar a sua vida, perdê-la-á
com árvores e lagartixas !

Pelos caminhos íngremes
da mata
via estrelas subindo em lombo de borboletas

— Você dorme em paredes, João?
— De jeito maneira
Eu não tenho vasilha de dormir
Caracol de cipoal não chega nunca de ser
um caracol de parede
Conheço a fenda dos paus

Ser pedra depende de prática
Parede abre a gosma é dos sapos
Já conheci raiz-de-santo nestes pedrouços
Não faço hino de cera, meu amo
Pacu na água rasa só anda de prancha
Eu conheço. Eu sei. Metade do sol já foi
tomado por pássaros
E as árvores me atacam
no mesmo grau que a pedras ...

Usava-se até o orgasmo :
— Estou apto a trapo !
A gente é rascunho de pássaro
Não acabaram de fazer ...

Borboletas maduras
chegavam de pousar nos seus discursos :

— Eu andei muito para enrugar meu couro
Cada um tem seu caminho
que percorre em todos os insetos
Eu sei até
a hora que o passarinho tira a roupa ...

O que é feito de pedaços precisa ser amado !

Eu conheço, eu sei.
O orvalho é para quem pervaga ...

Envelhecia a boca nas folhagens
A morte gerava fora do caroço

Cinzas o penetravam
como prego
em pneus

— Estamos somados à própria boca !
Na posição de Buda é que se vê melhor
como a gente carrega água na cesta !

— Você sabe o que faz pra virar poesia, João?
— A gente é preciso de ser traste
Poesia é a loucura das palavras:
Na beira do rio o silêncio põe ovo
Para expor a ferrugem das águas
eu uso caramujos
Deus é quem mostra os veios
É nos rotos que os passarinhos acampam !
Só empós de virar traste que o homem é poesia ...

Quebraram dentro dele
um engradado de estrelas :
— Vagalumes entortados de luz, eu vejo !
E a flauta dos pássaros interpretando os homens

Madrugada esse João
Botou o rio no bolso e saiu correndo ...
Pega ! Pega !

Tropeçava em ladeiras batentes trechos de sambas

Cansado de tanto correr
  esse João esbarrou
com o rio completo no bolso!

Entrou num terreno baldio de 10x20 sujo
de mato
Ramos de lua reverdeciam de latas
Chuvas mudavam nódoas de lugar
Não podia virar cambalhotas que o rio
desaguava nele

Lá fora
a cidade no avesso purgava
          O AZUL
passava de mosca em mosca
Estava acima de nossa fraqueza
  evitar tanta mosca

Começou a chover
Palavras desceram no enxurro
Usava-se a cara conforme o cuspe
Certas palavras pediam para mostrar os pentelhos

Se andasse de cabeça pra baixo
     o rio escoava
Tinha de ficar de pé
     segurando o casaco no sol!
Os pássaros assestavam seus cantos
     para o lado dos trilhos

Lagartos arrastavam os vergalhos no bar

Lembrou-se do quarto:
seu quarto cheio de marandovás que comiam livros
Bem antes de amanhecer, tinha recomendado às
    autoridades um embrulhinho de fezes que
    deixara sobre a estante

Não houvera intenção de roubar o rio
Andava puído de sombras
Saíra apenas para passear
  e espolegar paredes!
Gostava de espolegar paredes...

Viajou viajou na madrugada branca
No balde encontrara um jovem
  com uma tramela na boca!
E a cidade destripada dentro do olho

Águas verdes destruídas corriam sobre tijolos

As iminências do lodo?
Ruas e casas
  ficaram sujas de seu canto

De repente
Esse homem sorriu
Crianças
Em pleno uso da poesia
Funcionavam sem apertar o botão

Pedras
Negociavam com aves.

2.

Assim falou Gidian (ou Gedeão)
   que assistia nos becos:

"Poeta Quintiliano me nomeou Principal
   Sou lobisomem particular
Eurico me criou desde criança
   pra lobisomem
Me inventei

Fui procurar dentro do mato um preto Germano
   Agostinho, que operava com ervas
Mandou botar as unhas no vinagre vinte dias
Aprendi grande

Só as dúvidas santificam
O chão tem altares e lagartos

Remexa o sr. mesmo com um pedacinho de arame
os seus destroços
Aparecem bogalhos

Quem anda no trilho é trem de ferro
Sou água que corre entre pedras:
   — liberdade caça jeito

Procuro com meus rios os passarinhos
Eu falo desemendado

Me representa que o mundo
   é como bosta de onça, tem de tudo:
   — cabelos de capivara
   casca de tatu...

Gosto é de santo e boi
Saber o que tem da pessoa na máscara
é que são!
Só o guarda me escreve

Palavras fazem misérias
  inclusive músicas!

Eu sou quando e depois
  Entro em águas.."

III

APROVEITAMENTO DE MATERIAIS E PASSARINHOS
DE UMA DEMOLIÇÃO

Passeio nº 1

  Depois de encontrar-me com Aliocha Karamazoff, deixo o sobrado morto
  Vou procurar com os pés essas coisas pequenas do chão perto do mar
  Na minha boca estou surdo
  Dou mostras de um bicho de fruta.

Passeio nº 2

    Um homem (sozinho como um pente) foi visto da varanda pelos tontos
    Na voz ia nascendo uma árvore
    Aberto era seu rosto como um terreno.

Passeio nº 3

    Raízes de sabiá e musgo
subindo pelas paredes
    Não era normal
o que tinha de lagartixa na palavra paredes.

Passeio nº 4

    O homem se olhou: só o seu lado de fora subindo a ladeira...
    Caminhos que o diabo não amassou — disse.
    Atrasou o relógio.
    Viu um pouco de mato invadindo as ruínas de sua boca!

O Palhaço

    Gostava só de lixeiros crianças e árvores
    Arrastava na rua por uma corda uma estrela suja.
    Vinha pingando oceano!
    Todo estragado de azul.

Passeio nº 6

Casebres em ruínas
   muros
escalavrados...
E a lesma — na sua liberdade de ir nua
   úmida!

O abandono

O mato tomava conta do meu abandono
A língua era torta
Verbos sumiam no fogo

Um caranguejo curto sementava entre harpas

Havia um cheiro de águas abertas e um grilo

No caderno era comum
Crianças recolherem o mar e as pernas da mesa

Estávamos sempre
   descendo
      uma rampa
        mole

Janette contribuia 78% para o progresso e o
desentendimento entre os homens

Um idiota de estrada passava por árvore

Sapos entravam de roupa e tudo nos tanques

Portas criavam cabelo

Na esquina
Garotos quebravam asas contra as paredes

Crias de ema entravam nos armazéns

Um dia
A moça atravessou a rua como se um peixe saísse do armário
O rio empernava as casas

Batiam latas lá fora
Abriam o rádio e o coração até o fim...

Matéria

O osso da ostra
A noite da ostra
Eis um material de poesia

Pássaro

Rios e mariposas
Emprenhados de sol
Eis um dia de pássaro ganho

Matéria

O pente e o vento
Resíduos do mar
Pétalas de peixes

A carne e o espírito

Passou por dentro do pântano com sua boca e Deus
Na minha cama ela dorme
Ó céu sem prateleiras!
Minha raiz me pede demais.

O bicho

Ali, pertinho de mim
O bicho esquecido que era de palha
Prendeu-se nas cores de maio
Cigarras deixavam cair...

Composição

A espuma é que me compõe:
Cada muleta
Com o seu rengo.

A descoberta

Anos de estudos
  e pesquisas:
Era no amanhecer
Que as formigas escolhiam os seus vestidos.

De viagem

Parada de almoço:
Borboletas pousadas em trens de bois
Lagartixas de latrina

O abandono (parte final)

A cidade mancava de uma rua até certo ponto;
    depois os cupins a comiam

A gente vivia por fora como asa
Rã se media na pedra

Ali, eu me atrapalhava de mato como se ele
    invadisse as ruínas de minha boca e a enchesse
    de frases com morcegos

Saudade me urinava na perna

Um moço de fora criava um peixe na mão
Na parte seca do olho, a paisagem tinha formigas mortas

Eu era sempre morto de lado com a cabeça virada
    pro mar e umas gramas de borboletas amarelas

Estadistas gastavam nos coretos frases furadas,
    já com vareja no anus

A terra era santa e adubada

As mulheres tratavam-nos com uma bundura
    extraordinária

Tudo se resolvia com cambalhotas

Um homem pegava, para fazer seu retrato, pedaços de tábua, conchas, sementes de cobra

O outro capengava de uma espécie de flor aberta dentro dele

Um outro não podia atravessar a rua sem apodrecer

E um sexto ficava de muletas toda noite para qualquer lagartixa

Do alto da torre dizia o poeta: eu faço uma palavra equilibrar pratos no queixo...

Assim, borboletas chegavam em casa quase mortas de silêncio

E as garças eram tarde demais.

ARRANJOS PARA ASSOBIO
(1982)

SABIÁ COM TREVAS

I

Caminhoso em meu pântano,
dou num taquaral de pássaros

Um homem que estudava formigas e tendia para
pedras, me disse no ÚLTIMO DOMICÍLIO CONHECIDO:
Só me preocupo com as coisas inúteis

Sua língua era um depósito de sombras retorcidas,
com versos cobertos de hera e sarjetas que abriam
asas sobre nós

O homem estava parado mil anos nesse lugar sem
orelhas

II

Me abandonaram sobre as pedras infinitamente nu,
e meu canto.

Meu canto reboja.
Não tem margens com a palavra.
Sapo é nuvem neste invento.
Minha voz é úmida como restos de comida.
A hera veste meus princípios e meus óculos.
Só sei por emanações por aderência por incrustações.
O que sou de parede os caramujos sagram.
A uma pedrada de mim é o limbo.
Nos monturos do poema os urubus me farreiam.
Estrela é que é meu penacho !
Sou fuga para flauta e pedra doce.
A poesia me desbrava.
Com águas me alinhavo.

III

Quando houve o incêndio de latas nos fundos
da Intendência, o besouro náfego saiu
caminhando para alcançar meu sapato (e eu lhe
dei um chute ?)

Parou no ralo do bueiro, olhoso, como um boi
que botaram no sangradouro dele

(Intrigante : não sei de onde veio nem de que
lado de mim entrou esse besouro. Devo
ter maltratado com os pés, na minha
infância, algum pobre-diabo. Pois como explicar
o olhar ajoelhado desse besouro ?)

Com o seu casaco preto, chamuscado nas pontas,
ele em seguida nafegou no rumo do jardim e
entrou no porão de um coreto por onde
se comeu como um papel sem gosto

De manhã, catando pelas ruas toda espécie de
coisas que não pretendem, sempre eu revejo
esse ente que tem por abrigo o céu, como
conchas ao contrário.

IV

(a um Pierrô de Picasso)

Pierrô é desfigura errante,
andarejo de arrebol.
Vivendo do que desiste,
se expressa melhor em inseto.

Pierrô tem um rosto de água
que se aclara com a máscara.
Sua descor aparece
como um rosto de vidro na água.

Pierrô tem sua vareja íntima :
é viciado em raiz de parede.
Sua postura tem anos
de amorfo e deserto

Pierrô tem o seu lado esquerdo
atrelado aos escombros.
E o outro lado aos escombros.
....
Solidão tem um rosto de antro.

V

Usado por uma fivela, o homem tinha sido
escolhido, desde criança, para ser ninguém e

nem nunca. De forma que quando se pensou em
fazer alguma coisa por ele, viu-se que o caso
era irremediável e escuro
Ou uma vespa na espátula.
Esse homem pois que apreciava as árvores de
sons amarelos, — ele se merejava sobre a carne
dos muros e era ignorante como as águas.
Nunca sabia direito qual o periodo necessário
para um sapato ser árvore. Muito menos
era capaz de dizer qual a quantidade de chuvas
que uma pessoa necessita para que o lodo
apareça em suas paredes.
De modo que se fechou esse homem : na pedra
: como ostra : frase por frase, ferida por
ferida, musgo por musgo : moda um rio que
secasse : até de nenhuma ave ou peixe. Até
de nunca ou durante. E de ninguém anterior.
Moda nada.

VI

Há quem receite a palavra ao ponto de osso,
de oco; ao ponto de ninguém e de nuvem.
Sou mais a palavra com febre, decaída, fodida,
na sarjeta.
Sou mais a palavra ao ponto de entulho.
Amo arrastar algumas no caco de vidro,
envergá-las pro chão, corrompê-las —
Até que padeçam de mim e me sujem de branco.
Sonho exercer com elas o ofício de criado :
usá-las com quem usa brincos.

VII

No sonho havia uma rampa mole, o túnel e uma
lagartixa de rabo cortado.
Pela porta da frente eu não podia sair de
dentro de mim mesmo com vida, porque não
havia porta da frente.
Lá no alto da nuvem estava deitada a minha
amada, completamente nua.
Eu queria procurar não entender : a evidência
não interessava, como em Buñuel.
Havia um cheiro de verão nas folhas e nas
cestas de roupas sujas.
Comecei a catar as ervas rasteiras que me
arrastavam por analogia.
O vento se harpava em minhas lapelas desatadas.
Eu tinha o roteiro do luar com o mapa da mina.
Depois que todos se deitassem, eu iria passear
sobre os telhados adormecidos.
Apenas me debatia contudo quanto a lagartixa
de rabo cortado.

VIII

— O que é, o que é ?
(como nas adivinhas populares)

Escorre na pedra amareluz.
Faz parte de árvore. É acostumado
com uma parede na cara.
Escuta fazerem a lama como um canto

Bicho-do-mato que sói de anjo
refulge de noite no próprio esgoto.

Camaleão finge que é ele.
Rio de versos turvos.

É lido em borboletas como o sol.
Se obtém para os vôos nos detritos.
Cobre vasta extensão de si mesmo com nada.
Minhocal de pessoas, deserto de muitos eus.

IX

O poema é antes de tudo um inutensílio.

Hora de iniciar algum
convém se vestir roupa de trapo.

Há quem se jogue debaixo de carro
nos primeiros instantes.

Faz bem uma janela aberta.
Uma veia aberta.

Pra mim é uma coisa que serve de nada o poema
Enquanto vida houver

Ninguém é pai de um poema sem morrer

X

Borboleta morre verde em seu olho sujo de pedra.
O sapo é muito equilibrado pelas árvores.
Dorme perante pólens e floresce nos detritos.

Apalpa bulbos com os seus dourados olhos.
Come ovo de orvalho. Sabe que a lua
Tem gosto de vagalume para as margaridas.
Precisa muito de sempre
Passear no chão. Aprende antro e estrelas.
(Tem dia o sapo anda estrelamente !)
Moscas são muito predominadas por ele.
Em seu couro a manhã é sangüinea.
Espera as falenas escorado em caules de pedra.
Limboso é seu amanhecer.
Tem cios verdejantes em sua estagnação.
No rosto a memória de um peixe.
De lama cria raízes e engole fiapos de sol.

XI

coisinhas : osso de borboleta pedras
com que as lavadeiras usam o rio
pessoa adaptada à fome e o mar
encostado em seus andrajos como um tordo !
o hino da borra escova
sem motor ACEITA-SE ENTULHO PARA O POEMA
ferrugem de sol nas crianças raízes
de escória na boca do poeta beira de rio
que é uma coisa muito passarinhal ! ruas
entortadas de vagalumes
traste de treze abas e seus favos empedrados
de madeira sujeito com ar de escolhos inseto
globoso de agosto árvore brotada
sobre uma boca em ruínas retrato
de sambixuga pomba estabelecida
no galho de uma estrela ! riacho com osso de
fora — coberto de aves pinicando
suas tripas — e embostando de orvalho

suas pedras indivíduo que pratica nuvens
ACEITA-SE ENTULHO PARA O POEMA moço que tinha
seu lado principal caindo água e o outro lado
mais pequeno tocando larvas !
rã de luaçal

XII

Os bens do poeta: um fazedor de inutensílios,
um travador de amanhecer, *uma teologia do traste*,
uma folha de assobiar, um alicate cremoso,
uma escória de brilhantes, *um parafuso de veludo*,
e um lado primaveril

*TEOLOGIA DO TRASTE — Manuscrito do mesmo
nome, contendo 29 páginas, que foi encontrado nas
ruínas de um coreto, na cidade de Corumbá, por
certo ancião adaptado a pedras. Contou-nos o
referido ancião, pessoa saudavelmente insana
de poesia, que sobre as ruínas do coreto* BROTAVAM
ÁRVORES / OBRAVAM POBRES / MORAVAM SAPOS /
TREPAVAM ERVAS / CANTAVAM PÁSSAROS. *E, que,
ali, o cansanção era muito desenvolvido, bem
como o amarra-pinto e o guspe de taquarizano.*

*PARAFUSO DE VELUDO — Artefato inventado no
Maranhão, por volta de 1908, por um PORTA-
ESTANDARTE, que, sempre, após anunciar os
seus inventos em Praça Pública, enrolava-se na
Bandeira Nacional. (Segundo uma correspon-
dência de Ismael Cardim)*

XIII

Depende a criatura para ter grandeza de sua
infinita deserção.
A gente é cria de frases.
Escrever é cheio de casca e de pérolas.
Ai, desde gema sou borra!
Alegria é apanhar caracóis nas paredes bichadas.
Coisa que não faz nome para explicar
Como a luz que vegeta na roupa do pássaro.

XIV

No chão, entre raízes de inseto, esma e cisca
o sabiá.
É um sabiá de terreiro.
Até junto de casa, nos podres dos baldrames,
vem apanhar grilos gordos.
No remexer do cisco adquire experiência de
restolho.
Tem uma dimensão além de pássaro, ele!
Talvez um desvio de poeta na voz.
Influi na doçura de seu canto o gosto que pratica
de ser uma pequena coisa infinita do chão.
Nas fendas do insignificante ele procura grãos
de sol.
A essa vida em larvas que lateja debaixo das
árvores, o sabiá se entrega.
Aqui desabrocham corolas de jias!
Aqui apodrecem os vôos.
Sua pequena voz se umedece de ínfimos adornos.
Seu canto é o próprio sol tocado na flauta!
Serve de encosto pros corgos.

Do barranco uma rã lhe entarda os olhos.
Esse ente constrói o álacre.
É intenso e gárrulo: como quem visse a aba
verde das horas.
É ínvio e ardente o que o sabiá não diz.
E tem espessura de amor.

XV

— Quem é sua poesia?
— Os *nervos do entulho,* como disse o poeta português José Gomes Ferreira
Um menino que obrava atrás de Cuiabá também
Mel de ostras
Palavras caídas no espinheiro parecem ser (para mim é muito importante que algumas palavras saiam tintas de espinheiro.)

— Difícil de entender, me dizem, é sua poesia; o senhor concorda?
— Para entender nós temos dois caminhos: o da sensibilidade que é o entendimento do corpo; e o da inteligência que é o entendimento do espírito.
Eu escrevo com o corpo
Poesia não é para compreender, mas para incorporar
Entender é parede; procure ser uma árvore.

— Pedras fazem versos? Pergunta de Fernando Pessoa.
— Ó Vassily Ordinov, irmão nosso, acaso ervas dão vinho?
E mosca de olho afastado dá flor?
Raiz de minha fala chama escombro

Meu olho perde as folhas quando a lesma
A gente comunga é sapo
Nossa maçã é que come Eva
Estrela é que tem firmamento
Mas se estrela fosse brejo, eu brejava.

— Natureza é fonte primordial?
— Três coisas importantes eu conheço: lugar
apropriado para um homem ser folha; pássaro
que se encontra em situação de água; e lagarto
verde que canta de noite na árvore vermelha.
Natureza é uma força que inunda como os desertos.
Que me enche de flores, calores, insetos — e me
entorpece até a paradeza total dos reatores.
Então eu apodreço para a poesia
Em meu lavor se inclui o Paracleto.

— E o poema é seus fragmentos?
— É muito complicado dar ossos à água. Passei
anos enganchado num pedaço de serrote, na beira do Rio Coxim. Veio uma formiguinha de
tamanho médio, me carregou. Eu ia aos trancos
como mala de louco. E não podia entender a
razão pela qual aquela formiguinha, me
carregando, não evitava os barrancos,
os buracos, os abismos
Me carregava obstinada para o seu formigueiro
Ia comer o meu escroto!
Nossa grandeza tem muito cisco.
Há mistérios nascendo por cima das palavras,
desordenadamente, como bucha em tapera
E moscas portadoras de rios.

— É de um ser inseguro a imagem plástica?
— Nos resíduos das primeiras falas eu cisco

meus versos
A partir do inominado
e do insignificante
é que eu canto
O som inaugural é tatibitati e vento
Um verso se revela tanto mais concreto quanto
seja seu criador coisa adejante
(Coisa adejante, se infira, é o sujeito que
se quebra até de encontro com uma palavra).

— E sobre a palavra, ela?
— Mexo com palavra
como quem mexe com pimenta
até vir sangue no órgão

— Alguns dados biográficos?
— O lajedo interior do poema me urde
Por uma fresta saio hino e limos

— E como é que o senhor escreve?
— Como se bronha.
E agora peço desculpas
Estou arrumado para pedra.

GLOSSÁRIO DE
TRANSNOMINAÇÕES EM QUE NÃO
SE EXPLICAM ALGUMAS DELAS
(NENHUMAS) — OU MENOS

Cisco, s.m.
   Pessoa esbarrada em raiz de parede
   Qualquer indivíduo adequado a lata
   Quem ouve zoadas de brenha. Chamou-se de

O CISCO DE DEUS a São Francisco de Assis
Diz-se também de homem numa sarjeta

Poesia, s.f.
    Raiz de água larga no rosto da noite
    Produto de uma pessoa inclinada a antro
    Remanso que um riacho faz sob o caule da manhã
    Espécie de réstia espantada que sai pelas
    frinchas de um homem
    Designa também a armação de objetos lúdicos
    com emprego de palavras imagens cores sons
    etc. — geralmente feitos por crianças pessoas
    esquisitas loucos e bêbados

Lesma, s.f.
    Semente molhada de caracol que se arrasta sobre
    as pedras, deixando um caminho de gosma
    escrito com o corpo
    Indivíduo que experimenta a lascívia do ínfimo
    Aquele que viça de líquenes no jardim

Boca, s.f.
    Brasa verdejante que se usa em música
    Lugar de um arroio haver sol
    Espécie de orvalho cor de morango
    Ave-nêspera!
    Pequena abertura para o deserto

Água, s.f.
    Da água é uma espécie de remanescente quem
    já incorreu ou incorre em concha

Pessoas que ouvem com a boca no chão seus
   rumores dormidos, pertencem das águas
   Se diz que no início eram somente elas
   Depois é que veio o murmúrio dos corgos
   para dar testemunho do nome de Deus

Poeta, s.m. e f.
   Indivíduo que enxerga semente germinar
   e engole céu
   Espécie de vasadouro para contradições
   Sabiá com trevas
   Sujeito inviável: aberto aos desentendimentos
   como um rosto

Inseto, s.m.
   Indivíduo com propensão a escória
   Pessoa que se adquire da umidade
   Barata pela qual alguém se vê
   Quem habita os próprios desvãos
   Aqueles a quem Deus gratificou com a sensualidade
   (vide Dostoievsky, *Os Irmãos Karamazoff*)

Sol, s.m.
   Quem tira a roupa da manhã e acende o mar
   Quem assanha as formigas e os touros
   Diz-se que:
   Se a mulher espiar o seu corpo num ribeiro
   florescido de sol, sazona
   Estar sol: o que a invenção de um verso contém.

Trapo, s.m.
   Pessoa que tendo passado muito trabalho e fome
   deambula com olhar de água-suja no meio das
   ruínas

Quem as aves preferem para fazer seus ninhos
Diz-se também de quando um homem caminha para
nada

Pedra, s.f.
   Pequeno sítio árido em que o lagarto de pernas
areientas medra (como à beira de um livro)
   Indivíduo que tem nas ruínas prosperantes de
sua boca, avidez de raiz
   Designa o fim das águas e o restolho a que o
homem tende
   Lugar de uma pessoa haver musgo
   Palavra que certos poetas empregam para dar
concretude à solidão

Árvore, s.f.
   Gente que despetala
   Possessão de insetos
   Aquilo que ensina de chão
   Diz-se de alguém com resina e falenas
   Algumas pessoas em quem o desejo é capaz de
irromper sobre o lábio, como se fosse a raiz
de seu canto

Apêndice:
   Olho é uma coisa que participa o silêncio dos
outros.
   Coisa é uma pessoa que termina como sílaba
   O chão é um ensino.

EXERCÍCIOS CADOVEOS

O tempo dele era só para não fazer as mesmas
coisas todos os dias
Quase passarinho arrumou casa no seu chapéu
Estava para pegar bicho no osso da bunda
Com pouco ele escorre uma resina
(Ainda não desceu da copa dos coqueiros, será?)
De noite come caroço de égua no cupim
Ai que vontade de encostar!
Se arruma por desvãos como os lagartos
Se propaga no sol
Macega invade seus domínios ele guspe
Coisa latente: aurora crisálida em cima de um ovo
Passarinho caga no seu olho, nem xum
Marimbondo sanhara seu vulto, põe língua
Ai abandono de cócoras! Esse bugre Aniceto
quase não pára de pé como os cadarços, mas usa
um intrumento de voar que prende nos cabelos
como os poetas

Sete inutensílios de Aniceto(*)

1. Moça estrangeira dava uma viradinha com o
trazeiro, como se estivesse levando uma pe-
drada, e tinha lá dentro dela um dente que
aperta quem a cobre

(*) Estes inutensílios foram colhidos entre os mitos Cadiuéus, narrados pelo Professor Darcy Ribeiro. Resguardando-se petulância e distância, exercitou-se aqui a moda posta em prática por Elliot incorporando à sua obra versos de Shakspeare, Dante, Baudelaire. E o que fez um pouco James Joyce aproveitando-se de Homero. E ainda o que fez Homero aproveitando-se dos rapsodos gregos. Ai pobres Cadoveos! Este bugre Aniceto aí da frente é que vai perpetuar vocês?
Nem xum.

2. — O senhor é nosso Padre?
   — Não senhor, eu sou o guspe dele a bosta dele
   Então ela passou o braço para abraçar a pessoa
   e não achou carne
   Perguntou: — Que é isso?, passarinho?

3. O meu patrão a casa dele é como vidro
   a gente vê tudo lá dentro como quando amanheceu
   uma vez eu apreciei aquela minha patroa
   mexendo por dentro do quarto pelada
   com aquele seu organismo bem constituído
   isso que me enlouqueceu

4. O homem deixou o filho num cisco e saiu de
   a pé
   comendo fruta do mato
   Tem certidão desse homem por tudo quanto é
   vereda
   Tem tapera e osso de caitetu por tudo quanto
   é lugar

5. Todas as coisas têm serventia sinimbus ar-
   voredos..
   Você derruba os paus
   De noite os passarinhos não têm onde descansar

6. As Nações já tinham casa, máquina de fazer pano,
   de fazer enxada, fuzil, etc.
   Foi uma criançada e mexeu na tampa do vento
   Isso que destelhou as Nações.

EXERCÍCIOS ADJETIVOS

Manhã-passarinho

Uma casa terena de sol raiz no mato
formiga preta minha estrela
de asa aparada pedras
verdejantes voz
pelada de peixe dia
de estar riachoso
manhã-passarinho
inclinada no rosto esticada
até no lábio-lagartixa
mosquito de hospício verruma
para água arame de estender música
sabão em zona erógena faca
enterrada no tronco meu amor!
esses barrancos ventados...
e o porco celestial

Rolinhas-casimiras

   Rolas
     pisam
       a manhã
Lagartixas pastam
   o sobrado
Um leque de peixe abana o rio
Meninos atrás de gralhas contraem piolhos de
cerrados

Um lagarto de pernas areientas
medra na beira de um livro

Adeus rolinhas-casimiras.

O poeta descerra um cardume de nuvens
A estrada se abre como um pertence

Vermelhas trevas

O veneno ingerido pela mosca deixa
a curta raiz de sua existência
exposta às vermelhas trevas

Silêncio rubro

Crista de silêncio rubro, o galo
com frisos gelados de adaga no bico
madruga a veredas batidas

Modos ávidos

Os modos ávidos de um caracol subir
a uma parede com nódoas de idade e chuvas:
é como viajar à nascente dos insetos

Visgo tátil

O visgo tátil do canto é como
a aranha que urde sua doce alfombra
nas orvalhadas vaginas das violetas

Os caramujos-flores

Os caramujos-flores são um ramo de caramujos
que só saem de noite para passear
De preferência procuram paredes sujas, onde se
pregam e se pastam
Não sabemos ao certo, aliás, se pastam eles
essas paredes
Ou se são por elas pastados
Provavelmente se compensem
Paredes e caramujos se entendem por devaneios
Difícil imaginar uma devoração mútua
Antes diria que usam de uma transubstanciação:
paredes emprestam seus musgos aos caramujos-flores
E os caramujos-flores às paredes sua gosma
Assim desabrocham como os bestegos

Linha avelã

A linha avelã de um pêssego
e o lado núbil de um canto
são como a aurora gotejante de uma semente líquida

Imarcescível puta

A imarcescível puta preta
que me arrastou na adolescência
me ensaruou de sua concha

ARRANJOS PARA ASSOBIO

Sujeito

Usava um Dicionário do Ordinário
com 11 palavras de joelhos
inclusive bestego. Posava de esterco
para 13 adjetivos familiares
inclusive bêbado
Ia entre azul e sarjetas.
Tinha a voz de chão podre.
Tocava a fome a 12 bocas.
E achava mais importante fundar um verso
do que uma Usina Atômica.
Era um sujeito ordinário.

O pulo

Estrela foi se arrastando no chão deu no sapo
sapo ficou teso de flor!
e pulou o silêncio

Visita

Na cela de Pedro Norato, 23 anos de reclusão,
a morte sesteava de pernas abertas...
Dentre grades se alga, ele!
Tem o sono praguejado de coxas.

Contou que achara a mulher dentro de um pote
e a bebeu.
Sem amor é que encontramos Deus — me diz.
O mundo não é perfeito como um cavalo — me diz.
Vê trinos de água nos relógios.
E para moscas bate continência.

Eu volto para casa de sarjeta.

Oferta

Arcado ser, —
eu sou o apogeu do chão. Deixa passar o meu estorvo
o meu trevo a minha corcova,
senhor!
(este assobio vai para todas as pessoas pertencidas
pelos antros)

Serviços

serviços: catar um por um os espinhos da água
restaurar nos homens uma telha de menos
respeitar e amar o puro traste em flor.

LIVRO DE PRÉ-COISAS
(Roteiro para uma excursão poética no Pantanal)
(1985)

Ponto de partida

ANÚNCIO

Este não é um livro sobre o Pantanal. Seria antes uma anunciação. Enunciados como que constativos. Manchas. Nódoas de imagens. Festejos de linguagem.
Aqui o organismo do poeta adoece a Natureza. De repente um homem derruba folhas. Sapo nu tem voz de arauto. Algumas ruínas enfrutam. Passam louros crepúsculos por dentro dos caramujos. E há pregos primaveris...
(Atribuir-se natureza vegetal aos pregos para que eles brotem nas primaveras.. Isso é fazer natureza. Transfazer.)
Essas pré-coisas de poesia.

NARRADOR APRESENTA SUA TERRA: CORUMBÁ, CIDADE BRANCA. CAPITAL DO PANTANAL. COM ORGULHO

Arremeda uma gema de ovo o nosso pôr-do-sol do lado da Bolívia. A gema vai descendo até se desmanchar atrás do morro. (Se é tempo de chover, desce um barrado escuro por toda a extensão dos Andes e tampa a gema.)
"*Aquele morro bem que entorta a bunda da paisagem!*"
Deste lado é Corumbá. Além de cansanção, nós temos cuiabanos, chiquitanos, paus-rodados e turcos. Todos por cima de uma pedra branca enorme que o rio Paraguai borda e lambe.
Falando em cansanção: "*Há plantas que aceitam, com extraordinário gosto, nascer e florescer nestas pedras brancas. Dentre elas o cansanção. E tão desenvolvidos se acham neste lugar os cansanções, que se dizem haver deles taludos a ponto que se os apliquem por madeira de lei.*" (do livro A PRINCESA DO PARAGUAI, de J. Santos)
"*Turma que tira o sarro...*"
Não indo para oeste, de qualquer lado que frechar, corumbaense cai no pântano. "*Nosso chão tem mais estrelas. Nosso brejos têm mais sapos*" (do livro CORUMBÁ GLORIOSA, de R. Araújo).
"*Povo que gosam no poeta...*"
Contudo, o que mais nos transporta, de orgulho em riste, é o Episódio da Retomada de Corumbá, na Guerra do Paraguai. Foi assim:
"*De noite os paraguaios tomaram porre e dormiram. Nós tacamos chumbo em cima. Sairam correndo sem rumo... Estão correndo até hoje.*" (Por isso, de vez em quando, a gente encontra no frio desse mato, algum trabuco ou espada enferrujados, que eles foram largando na corrida...)

Nós temos demais de campos para guerreiro correr.
"Pessoal que inventam..."
Descendo a Ladeira Cunha e Cruz, a gente imbica no Porto. Aqui é a Cidade Velha. O tempo e as águas esculpem escombros nos sobrados anciãos. Desenham formas de larvas sobre paredes em podre. São trabalhos que se fazem de rupturas. Como um poema.
Arbustos de espinhos com florimentos vermelhos desabrem nas ruínas.
"Nossos sobrados enfrutam!"
Há sapos vegetais entre pedras e águas. O homem deste lugar é uma continuação das águas.
Arruados que correm na beira do rio, esbarram em barracos de latas, adonde se vendem pacus fritos e se bebem caldos de piranha.
"Devia de ficar no altar o nosso caldo de piranha!"
"Acho de acordo."
Por mim, advenho de cuiabanos. Meu pai jogou canga pra cima no primeiro escrutínio e sumiu no zamboada. Há um rumor de útero que muito me repercute nestes brejos. Aqui o silêncio rende. Assim na pedra como nas águas. Decretadamente, senhores.

EM QUE O NARRADOR VIAJA DE LANCHA AO ENCONTRO DE SEU PERSONAGEM

Deixamos Corumbá tardeando.
Empeixado e cor de chumbo, o rio Paraguai flui entre árvores com sono...
"Onze horas em lombo de água!"
A lancha atracou com escuro. Um homem apareceu no barranco, erguendo um farol, e deu boa noite. Jogaram uma

prancha na praia. Por ela desceram passageiros e cargas. Aqui neste lugar, mosquito derruba gente da rede, — alguém informou. Noto que o ermo tem boca.

Na outra margem do rio uma casa acendeu. Dois galos ensaiaram. O farol que estava na mão do homem apagou. A lancha apitou despedida. O Porto de Manga está amanhecendo.

Vem um cheiro de currais por perto. Posso ver uma casa nascendo. E um menino recolhendo vacas na semi-escuridão.

"Moça foi no mato fazer."

Já diviso um solapão de lontras. Cardeais de vermelho cruzam os barrancos...

....

Chegam de carro-de-bois *Pocito* e *Nhá Velina Cuê*. *Pocito* descanga os bois.

"Arruma, Graveto! *Separa*, Vegetal!"

Pocito relenga.

"Boi que amansa amanhece na canga, meu amo. Animal que dá pelo, bentevi caga nele. Bão é pão chão e Vão. Ruim é gordura de caramujo e onça ferventada. Oive de mi, xará. Quem não ouve conselho, conselho ouve ele."

Provo as delícias de uma cobra assada que me oferece *Nhá Velina*. Depois comeremos siputá.

"Este é o portão da Nhecolândia, entrada pioneira para o Pantanal."

Insetos compostos de paisagens se esfarinham na luz. Os cardeais recomeçam...

Suspensas
  sobre o sabão das lavadeiras, miúdas
    borboletas amarelas:
    Buquê de rosas trêfegas...

Cenários

UM RIO DESBOCADO

Definitivo, cabal, nunca há de ser este rio Taquari. Cheio de furos pelos lados, torneiral, ele derrama e destramela à-toa.
Só com uma tromba d'água se engravida. E empacha. Estoura. Arromba. Carrega barrancos. Cria bocas enormes. Vaza por elas. Cava e recava novos leitos. E destampa adoidado...
Cavalo que desembesta. Se empolga. Escouceia árdego de sol e cio. Esfrega o rosto na escória. E invade, em estendal imprevisível, as terras do pantanal.
Depois se espraia amoroso, libidinoso animal de água, abraçando e cheirando a terra fêmea.
Agora madura nos campos sossegado. Está sesteando debaixo das árvores. Se entorna preguiçosamente e inventa novas margens. Por várzeas e boqueirões passeia manheiro. Erra pelos cerrados. Prefere os deslimites do vago, o campinal dos lobinhos.

E vai empurrando através dos corixos, baías e largos, suas águas vadias.

Estanca por vezes nos currais e pomares de algumas fazendas. Descansa uns dias debaixo das pimenteiras, dos landis, dos guanandis, que agradecem.

De tarde, à sombra dos cambarás, pacus comem frutas. Meninos pescam das varandas da casa.

Com pouco, esse rio se entedia de tanta planura, de tanta lonjura, de tanta grandura, e volta para sua caixa. Deu força para as raízes. Alargou, aprofundou alguns braços ressecos. Enxertou suas areias. Fez brotar sua flora. Alegrou sua fauna. Mas deixou no pantanal um pouco de seus peixes.

E emprenhou de seu limo, seus lanhos, seu humus, — o solo do pantanal.

Faz isso todos os anos, como se fosse uma obrigação.

Tão necessário, pelo que tem de fecundante e renovador, esse rio Taquari, desbocado e mal comportado, é temido também pelos seus ribeirinhos.

Pois, se livra das pragas os nossos campos, também leva parte de nossos rebanhos.

Este é um rio cujos estragos compõem.

***

AGROVAL

> *"...onde pululam vermes de animais e plantas e subjaz um erotismo criador genésico."*
>
> M. Cavalcanti Proença

Por vezes, nas proximidades dos brejos ressecos, se encontram arraias enterradas. Quando as águas encurtam nos brejos, a arraia escolhe uma terra propícia, pousa sobre ela como um disco, abre com as suas asas uma cama, faz chão úbere por baixo, — e se enterra. Ali vai passar o período da seca. Parece uma roda de carreta adernada.

Com pouco, por baixo de suas abas, lateja um agroval de vermes, cascudos, girinos e tantas espécies de insetos e parasitas, que procuram o sítio como um ventre.

Ali, por debaixo da arraia, se instaura uma química de brejo. Um útero vegetal, insetal, natural. A troca de linfas, de reima, de rumem que ali se instaura, é como um grande tumor que lateja.

Faz-se debaixo da arraia a miniatura de um brejo. A vida que germinava no brejo, transfere-se para o grande ventre preparado pela matrona arraia. É o próprio gromel dos cascudos!

Penso na troca de favores que se estabelece; no mutualismo; no amparo que as espécies se dão. Nas descargas de ajudas; no equilíbrio que ali se completa entre os rascunhos de vida dos seres minúsculos. Entre os corpos truncados. As teias ainda sem aranha. Os olhos ainda sem luz. As penas sem movimento. Os remendos de vermes. Os bulbos de cobras. Arquétipos de carunchos.

Penso nos embriões dos atos. Uma boca disforme de rapa-canoa que começa a querer se grudar nas coisas. Rudimentos rombudos de um olho de árvore. Os indícios de ínfimas sociedades. Os liames primordiais entre paredes e lesmas. Também os germes das primeiras idéias de uma convivência entre lagartos e pedras. O embrião de um mussum sem estames, que renega ter asas. Antepassados de antúrios e borboletas que procuram uma nesga de sol.

Penso num comércio de frisos e de asas, de sucos de sêmem e de pólen, de mudas de escamas, de pus e de sementes. Um comércio de cios e cantos virtuais; de gosma e de lêndeas; de cheiro de íncolas e de rios cortados. Comércio de pequenas jias e suas conas redondas. Inacabados orifícios de tênias implumes. Um comércio corcunda de armaus e de traças; de folhas recolhidas por formigas; de orelhas-de-pau ainda em larva. Comércio de hermafroditas de instintos adesivos. As veias rasgadas de um escuro besouro. O sapo rejeitando sua infame cauda. Um comércio de anéis de escorpiões e sementes de peixe.

E ao cabo de três meses de trocas e infusões, — a chuva começa a descer. E a arraia vai levantar-se. Seu corpo deu sangue e bebeu. Na carne ainda está embutido o fedor de um carrapato. De novo ela caminha para os brejos refertos. Girinos pretos de rabinhos e olhos de feto, fugiram do grande útero, e agora já fervem nas águas das chuvas.

É a pura inauguração de um outro universo. Que vai corromper, irromper, irrigar e recompor a natureza.

Uma festa de insetos e aves no brejo!

***

VESPRAL DE CHUVA

Nem folha se move de árvore. Nenhum vento. Nessa hora até anta quer sombrear. Peru derrubou a crista. Ruminam algumas reses, deitadas na aba do mato. Cachorro produziu chão fresco na beira do rancho e deitou-se. Arichiguana foi dormir na serra. Rãs se ajuntam detrás do pote. Galinhas abrem o bico. Frango d'água vai sestear no sarã. O zinco do galpão estala de sol. Pula o cancan na areia quente. Jaracambeva encurta o veneno. Baratas escondem filhotes albinos. E a voz de certos peixes fica azul.

Faz muito calor durante o dia. Sobre a tarde cigarras destarracham. De noite ninguém consegue parar. Chuva que anda por vir está se arrumando no bojo das nuvens. Passarinho já compreendeu, está quieto no galho. Os bichos de luz assanharam. Mariposas cobrem as lâmpadas. Entram na roupa. Batem tontas nos móveis. Suor escorre no rosto.

Todos sentem um pouco na pele os prelúdios da chuva. Um homem foi recolher a carne estendida no tempo, e na volta falou: "Do lado da Bolívia tem um barrado preto. Hoje ele chove!"

No oco do acurizeiro o grosso canto do sapo é contínuo. Aranhas caranguejeiras desde ontem aparecem de todo lado. Dão ares de que saem do fundo da terra.

Formigas de roseiras dormem nuas. Lua e árvore se estudam de noite.

Por dentro da alma das árvores, orelha-de-pau está se preparando para nascer. Todo vivente se assanha. Até o inseto de estrume está se virando. Se ouve bem de perto o assobio dos bugios na orla do cerrado. Cupins estão levantando andaimes. Camaleão anda de farda.

O homem foi reparar se as janelas estão fechadas. Mulheres cobrem espelhos. Se sente por baixo do pomar o assanhamento das porcas. Em véspera de chuva o cio das porcas afrouxa. Como os areais.

Lobinho veio de noite até perto do galinheiro e fugiu. Relâmpagos mostram cavalos dormindo, em pé, sob os ingazeiros. Mostraram também os lobinhos.

Tudo está preparado para a vinda das águas. Tem uma festa secreta na alma dos seres. O homem nos seus refolhos pressente o desabrochar.

Caem os primeiros pingos. Perfume de terra molhada invade a fazenda. O jardim está pensando... em florescer.

***

MUNDO RENOVADO

No pantanal ninguém pode passar régua. Sobremuito quando chove. A régua é existidura de limite. E o pantanal não tem limites.

Nos pátios amanhecidos de chuva, sobre excrementos meio derretidos, a surpresa dos cogumelos! Na beira dos ranchos, nos canteiros da horta, no meio das árvores do pomar, seus branquíssimos corpos sem raízes se multiplicam.

O mundo foi renovado, durante a noite, com as chuvas. Sai o garoto pelo piquete com olho de descobrir. Choveu tanto que há ruas de água. Sem placas, sem nome, sem esquinas.

Incrível a alegria do capim. E a bagunça dos periquitos! Há um referver de insetos por baixo da casca úmida das mangueiras.

Alegria é de manhã ter chovido de noite! As chuvas encharcam tudo. Os bagoaris e os caramujos tortos. As chuvas encharcaram os cerrados até os pentelhos. Lagartos espaceiam com olhos de paina. Borboletas desovadas melam. Biguás engolem bagres perplexos. Espinheiros emaranhados guardam por baixo filhotes de pato. Os bulbos das lixeiras estão ensanguentados. E os ventos se vão apodrecer!

Até as pessoas sem eira nem vaca se alegram. E as éguas irrompem no cio os limites do pátio. Um cheiro de araticum maduro penetra as crianças. Fugiram dos buracos cheios de água os ofídios lisos. E entraram debaixo dos fogões de lenha. Os meninos descobrem de mudança formigas carregadeiras. Cupins constroem seus túneis. E há os bem-te-vis cartolas nos pirizeiros de asas abertas.

Um pouco do pasto ficou dentro d'água. Lá longe, em cima da piúva, o ninho do tuiuiu, ensopado. Aquele ninho fotogênico cheio de filhotes com frio!

A pelagem do gado está limpa. A alma do fazendeiro está limpa. O roceiro está alegre na roça, porque sua planta está salva. Pequenos caracóis pregam saliva nas roseiras. E a primavera imatura das araras sobrevoa nossas cabeças com sua voz rachada de verde.

***

CARRETA PANTANEIRA

As coisas que acontecem aqui, acontecem paradas. Acontecem porque não foram movidas. Ou então, melhor dizendo: desacontecem.

Dez anos de seca tivemos. Só trator navegando, de estadão, pelos campos.

Encostou-se a carreta de bois debaixo de um pé de pau. Cordas, brochas, tiradeiras, com as chuvas, melaram. Dos canzis, por preguiça, alguns faziam cabos de reio. Outros usavam para desemendar cachorro. Os bois, desprezados, iam engordando nos pastos. Até que os donos, não resistindo tanta gordura, os mandavam pro açougue. Fazendeiro houve, aquele um, que havendo de passear pela Europa, enviou bilhete ao gerente: "Venda carreta, bois do carro, cangas de boi".

À sombra do pé de pau a carreta se entupia de cupim. A mesa, coberta de folha e limos, se desmanchava, apodrecente. Chegaram a tirar mel na cambota de uma. Cozinheiros de comitiva, acampados debaixo da carreta, chegavam de usar o cabeçalho para tirar gravetos. Enchia-se o rodado de pequenas larvas, que ali se reproduziam, quentes. Debaixo da carreta, no chão fresco, os buracos na areia, para onde os cachorros e os perus velhos corriam fugindo do sol. E a carreta ia se enterrando no chão, se desmanchando, desaparecendo.

Isso fez que o rapaz, vindo de fora pescar, relembrasse a teoria do pantanal estático. Falava que no pantanal as coisas não acontecem através de movimentos, mas sim do não-movimento.

A carreta pois para ele desaconteceu apenas. Como haver uma cobra troncha.

***

LIDES DE CAMPEAR

Na *Grande Enciclopédia Delta Larousse*, vou buscar uma definição de pantaneiro. "Diz-se de, ou aquele que trabalha pouco, passando o tempo a conversar".

"Passando o tempo a conversar" pode ser que se ajuste a um lado da verdade; não sendo inteira verdade. "Trabalha pouco", vírgula!

Natureza do trabalho determina muito. Pois sendo a lida nossa de a cavalo, é sempre um destampo de boca. Sempre um desafiar. Um porfiar inerente. Como faz o bacurau.

No conduzir de um gado, que é tarefa monótona, de horas inteiras, às vezes de dias inteiros, é no uso de canto e recontos que o pantaneiro encontra o seu ser. Na troca de prosa ou de montada, ele sonha por cima das cercas. É mesmo um trabalho na larga, onde o pantaneiro pode inventar, transcender, desorbitar pela imaginação.

Porque a maneira de reduzir o isolado que somos dentro de nós mesmos, rodeados de distâncias e lembranças, é botando enchimento nas palavras. É botando apelidos, contando lorotas. É, enfim, através das vadias palavras, ir alargando os nossos limites.

Certo é que o pantaneiro vence o seu estar isolado, e o seu pequeno mundo de conhecimentos, e o seu parco vocabulário, recorrendo às imagens e brincadeiras.

Assim, o peão de culatra é bago-de-porco, porque vem por detrás. Pessoa grisalha é cabeça de paina. Cavalo corredor é estufador de blusa. Etc. Etc.

Sente-se pois, então, que árvores, bichos e pessoas têm natureza assumida igual. O homem no longe, alongado, quase, e suas referências vegetais, animais. Todos se fundem na mesma natureza intacta. Sem as químicas do civilizado. O velho quase animismo.

Mas na hora do pega-pra-capar, pantaneiro puxa na força, por igual. No lampino do sol ou no zero do frio.

Erroso é pois incutir que pantaneiro pouco trabalha. Ocorre que enxertar a vaca a gente não pode ainda. Esse lugar é difícil de se exercer pelo touro. Embora alguns o tentem.

Vaca não aceita outro que não seja touro mesmo. O jeito é ficar reparando a cobertura e contando mais um bezerro daquele ato.

Só por isso se diz que o boi cria o pantaneiro.

***

NOS PRIMÓRDIOS

Era só água e sol de primeiro este recanto. Meninos cangavam sapos. Brincavam de primo com prima. Tordo ensinava o brinquedo "primo com prima não faz mal: finca finca". Não havia instrumento musical. Os homens tocavam gado. As coisas ainda inominadas. Como no começo dos tempos.

Logo se fez a piranha. Em seguida os domingos e feriados. Depois os cuiabanos e os beira-corgos. Por fim o cavalo e o anta batizado.

Nem precisaram dizer crescei e multiplicai-vos Pois já se faziam filhos e piadas com muita animosidade.

Conhecimentos vinham por infusão, pelo faro dos bugres, pelos mascates.

O homem havia sido posto alí nos inícios para campear e hortar. Porém só pensava em lombo de cavalo. De forma que só campeava e não hortava.

Daí que campear se fez de preferência por ser atividade livre e andeja. Enquanto que hortar prendia o ente no cabo da enxada. O que não era bom.

No começo contudo enxada teve seu lugar. Prestava para o peão encostar-se nela a fim de prover seu cigarrinho de palha. Depois, com o desaparecimento do cigarro de palha, constatou-se a inutilidade das enxadas.

O homem tinha mais o que não fazer!

Foi muito soberano, mesmo no começo dos tempos, este cortado. Burro não entrava em seus pastos. Só porque *burro não pega perto*. Porém já hoje há quem trate os burros como cavalo. O que é uma distinção.

***

O Personagem

1. No presente

Quando de primeiro o homem era só, Bernardo era. Veio de longe com a sua pré-história. Resíduos de um Cuiabá-garimpo, com vielas rampadas e crianças papudas, assistiram seu nascimento.

Agora faz rastros neste terreiro. Repositório de chuva e bosta de ave é seu chapéu. Sementes de capim, algumas, abrem-se de suas unhas, onde o bicho de porco entrou cresceu e já voou de asa e ferramentas.

De dentro de seus cabelos, onde guarda seu fumo, seus cacos de vidro, seus espelhinhos, nascem pregos primaveris!

Não sabe se as vestes apodrecem no corpo senão quando elas apodrecem.

É muito apoderado pelo chão esse Bernardo. Seu instinto, seu faro animal, vão na frente. No centro do escuro se espraiam.

Foi resolvida em língua de folha e de escama, sua voz quase inaudível. É que tem uma caverna de pássaros dentro de sua garganta escura e abortada.

Com bichos de escama conversa. Ouve de longe a botação de um ovo de jacaroa. Sonda com olho gordo de ulha quando o sáurio amolece a oveira. Escuta o ente germinar ali ainda implume dentro do ventre. Os embriões do ovo ele vislumbra prazenteiro. Ri como fumaça. Seu maior infinito!

Quando o corpo do sáurio se espicha no areião, a fim de delivrar-se, Bernardo se ilumina. Pequena luzerna no pavio de seu olho brandeia. A jacaroa e ele se miram imaculados. A própria ovura!

Passarinhos do mato, bem-te-vi, joão-ferreira, sentam no ombro desse bandarra para catar imundícia, orvalho, insetos.

Só dá de banda.

Nos fundos da cozinha, onde se jogam latas de vermes ávidos, lesma e ele se comprazem. Teias o alcançam. Lagartas recortam seu dólmã verdoso. Formigas fazem-lhe estradas...

Unge com olho as formigas.

No pátio, cachorro acua ele. (Pessoas com ar de quelônio, cachorro descompreende.) Galinhas bicoram seu casco.

Mal desenxerga.

(Nem mosca nem pedrada desviam ele de ser obscuro.)

Bernardo está pronto a poema. Passa um rio gorjeado por perto. Com as mãos aplaina as águas.

Deus abrange ele.

***

2. No serviço *(voz interior)*

O que eu faço é servicinho à-toa. Sem nome nem dente. Como passarinho à-toa. O mesmo que ir puxando uma lata vazia o dia inteiro até de noite por cima da terra. Mesmo que um caranguejo se arrastando pelo barranco à procura de água vem um boi e afasta o rio dele com as patas, para sempre. O que eu ajo é tarefa desnobre. Coisa de nove noves fora: teriscos, nhame-nhame, de-réis, niilidades, oco, borra, bosta de pato que não serve nem para esterco. Essas descoisas: moscas de conas redondas, casulos de cabelo. Servicinho de pessoa Quarta-Feira que sai carregando uma perninha de formiga dia de festa. De modo que existe um cerco de insignificâncias em torno de mim: atonal e invisível. Afora pastorear borboletas, ajeito éguas pra jumento, ensino papagaio fumar, assobio com o subaco. Serviço sem volume nem olho: ovo de vespa no arame. Tudo coisinhas sem veia nem laia. Sem substantivo próprio. Perna de inseto, osso de morcego, tripa de lambari. Serviço com natureza vil de ranho. Tudo sem pé nem cunhado. Tem hora eu ajunto ciscos debaixo das portas onde encontro escamas de pessoas que morreram de lado. Meu trabalho é cheio de nó pelas costas. Tenho que transfazer natureza. À força de nudez o ser inventa. Água recolhendo-se de um peixe, ou quando estrelas relvam nos brejos. No meu serviço eu cuido de tudo quanto é mais desnecessário nesta fazenda. Cada ovo de formiga que alimenta a ferrugem dos pregos eu tenho de recolher com cuidado. Arrumo paredes esverdeadas pros caramujos foderem. Separo os lagartos com indícios de água dos lagartos com indícios de pedra. Cuido das larvas tortas. Tenho de ter em conta o limo e o ermo. Dou comida pra porco. Desencalho harpa dos brejos. Barro meu terreiro. Sou objeto de roseiras. Cuido dos súcubos e dos narcisos. E quando cessa o rumor das violetas, desabro. Derrubo folhas de tarde. E de noite empedreço. Amo desse trabalho. Todos os seres daqui têm fundo eterno.

***

3. No tempo de andarilho

Prospera pouco no Pantanal o andarilho. Seis meses, durante a seca, anda. Remói caminhos e descaminhos. Abastece de perna as distâncias. E, quando as estradas somem, cobertas por águas, arrancha.

O andarilho é um anti-piqueteiro por vocação. Ninguém o embuçala. Não tem nome nem relógio. Vagabundear é virtude atuante para ele. Nem é um idiota programado, como nós. O próprio esmo é que o erra.

Chega em geral com escuro. Não salva os moradores do lugar. Menos por deseducado. Senão que por alheiamento e fastio.

Abeira-se do galpão, mais dois cachorros, magros, pede comida, e se recolhe em sua vasilha de dormir, armada no tempo.

Cedo, pela magrez dos cachorros que estão medindo o pátio, toda a fazenda sabe que Bernardão chegou. "Venho do oco do mundo. Vou para o oco do mundo". É a única coisa que ele adianta. O que não adianta.

Tem sempre um ar altivo de quem vê pedra nadando, esse Bernardão. Não aceita brincadeiras. Não monta no porco. É coisa indefinida. Igual um caramujo irrigado. Anda na terra como quem desabrocha. E não inventa remédios para ficar mais inteiro.

Enquanto as águas não descem e as estradas não se mostram, Bernardo trabalha pela bóia. Claro que resmunga. Está com raiva de quem inventou a enxada. E vai assustando o mato como um feiticeiro.

Os *hippies* o imitam por todo o mundo. Não faz entretanto brazão de seu pioneirismo. Isso de entortar pente no cabelo intratável ele pratica de velho. A adesão pura à natureza e a inocência nasceram com ele. Sabe plantas e peixes mais que os santos.

Não sei se os jovens de hoje, adeptos da natureza, conseguirão restaurar dentro deles essa inocência. Não sei se conseguirão matar dentro deles a centopéia do consumismo.

Porque já desde nada, o grande luxo de Bernardo é ser ninguém. Por fora é um galalau. Por dentro não arredou de criança. É ser que não conhece ter. Tanto que inveja não se acopla nele.

***

4. Um amigo

Vê-se que não comeu sebo de égua o cágado. À procura de água, desce o cerrado, no pino do sol, tardoso e raro. É o próprio esquisitão que aprendeu paciência sem cartilha. O ínvio nato. O anti-óbvio.

Está ali esse pobre diabo. Desmancha cem anos, dizem, no seu desviver. Pois o suco do amor até hoje ninguém viu escorrer de seus lábios. Não tem lábios nem artes. Penso no seco do verde quando o encontro. Dá-me a impressão de alguém obscuro que vem de lugar nenhum e vai para nada todos os dias. E penso na voz de chão podre que tem nos seus abismos.

Seu jeito de andar é de quem está chegando de um bueiro. Há sempre sinais de incêndio e de limos na sua casca loteada. E um crespo ardor de chuvas extintas.

Está aí esse indivíduo cágado. Sem poder criar raízes sobre nada. Seu corpo não conhece o espojar-se na terra e nem o frescor das águas. Toma banho de casca e tudo. A mim me parece um castigo alguém não conhecer na carne o frescor de águas correntes.

É cheio de vestígios do começo do mundo, por isso nos parece inacabado. Mas quando metade da terra estava por decidir se seria de pedra ou de água, já estava decidida a sua desforma. E quando ainda ninguém ousava de prever se o inseto nasceria de uma planta ou de uma larva, já ele estava deformado e pronto. O cágado é pois uma coisa sem margens; feio por igual; feio sem defeito.

Só quando acha no cerrado um ninho de pitangas, exulta-se o cágado. E se nos paus apodrecidos um coró abre para ele suas folhas brancas, aí dança de lado. E deita o pescoço para fora. E sente os odores do sol.

Agora está aí o pobre cágado. Alguém o trouxe do campo e o largou no quintal, em volta da cozinha, no chão rico de restos de comida e crianças.

No começo os meninos suspenderam o fôlego. Ficaram de longe cubando. Veio a galinha xereta, arrastou asa, mexericou com as outras, arriscou uma bicada no casco, e saiu ciscando como se visse macaco venéreo.

Depois o cachorro, cauto, cheirou o indefinido e foi deitar-se, de guarda. Papagaio espiou e saiu andando de lado. Papagaio quando anda de lado examina. Um garoto estava de cócoras de fronte da janelinha do cágado e via a cabeça mover-se obscena.

Logo porém se acostumaram todos. O cágado já comia folhas de alface. E os meninos começaram a montar.

Só não conseguiram apertar a chincha!

***

5. Na mocidade, feito lobisomem

Pantanal é muito propício a assombrações. Principalmente lobisomens que são uma espécie de assombração que bebe leite.

Houve quem tenha visto até lobisomem de chinelo. Vento que sopra na folha do rancho pode que seja. Passos no quarto da moça, imitando com passos de gente, já ouvi chamar de lobisomem. Parente de viúva aparece muito de noite. Pede mingau, pede vela e se vai. Às vezes até pede para a viúva acompanhá-lo do outro lado do mato, a fim que não fique extraviado o errante por esses cerradões de três pelos.

Outros são de rondar cozinha (Bernardão era). Rogam tições pras cozinheiras. Conversam de cunhado e acabam tomando cafezinho arretado.

Tem gente que não conhece lobisomem de vista. É muito difícil mesmo. Houve quem enviasse bilhete em pescoço de cachorro marcando encontro na hora que a lua tiver arta. Fazem caprichos.

São mansos de coçar, entretanto, esses lobisomens. Explicam bem o avesso: ou, aliás, isto é: não se explicam. Andam ora de joelhos, como quatis baleados, ora mancam. Nas estradas, de noite, por disfarce, até mijam prá trás, mulhermente. Dizem que falam fanho, se chamam de cunhados e se fedem. Pulam na grama de pés juntos como as locustas. São entes muito hábeis. Os escuros conhecem de apalpos. Têm os olhos desúteis.

Pantanal tem muitos veios para esses indumentos. Quem termina de inteirar cem anos, vira serpente. Foi o caso de uma velha Honória. Outubro ela sumiu de casa e tardou comprido. Dezembro apareceu de escamas na beira da vazante. Estava pisada na cacunda e os joelhos criaram cascão de tanto andar no tijuco. A língua muito fininha, ofídica, assoprava agora como no tempo de pegar a arca de Noé. Mesmo até raios de sol às vezes nela tremblavam. Hora teve que não se podia mais dizer se era ave estrupício ou peixe-cachorro.

Bernardo, de tarde, o filho mais velho, levava farofa prá velha, e fósforo. Fazia mossa era ver como passeava sozinha, no meio das capivaras, de cola erguida.

Heróis gregos viravam de rochas de anêmonas de água
— freqüentemente. Porém desviravam logo, ao primeiro gesto de amor.

Velha Honória parece que não pretende desvirar. Nem que a chamem de *darling*.

Ama de andar na beira da vazante todas as noites com ar de serpente aberta. Irmã de lobisomens. Cruza de urubu com porca.

***

6. Retrato de irmão

Era um ente irresolvido entre vergôntea e lagarto. Tordos que externam desterro sentavam nele. Sua voz era curva pela forma escura da boca. (Voz de sótão com baratas luminosas.) Dava sempre a impressão que estivesse saíndo de um bueiro cheio de estátuas. "Conforme o viver de um homem, seu ermo cede", ensinava. Era a cara de um lepidóptero de pedra. E, tinha um modo de lua entrar em casa.

Deixou-nos um *TRATADO DE METAMORFOSES* cuja parte XIX, *Livro de pré-coisas,* transcrevemos.

LIVRO
DE
PRÉ-COISAS

Tudo, pois, que rasteja, partilha da terra.
Heráclito

Andava atrás das casas, como um corgo urbano, entre latas podres e rãs.

*

Sorna lagarta curta recorta a roupa de um osso.

*

Minhocas arejam a terra; poetas, a linguagem

*

Se no tranco do vento a lesma treme,
no que sou de parede a mesma prega;
se no fundo da concha a lesma freme,
aos refolhos da carne ela se agrega;
se nas abas da noite a lesma treva,
no que em mim jaz de escuro ela se trava;
se no meio da náusea a lesma gosma,
no que sofro de musgo a cuja lasma;
se no vinco da folha a lesma escuma,
nas calçadas do poema a vaca empluma!

*

Vagalumes driblam a treva.

*

Esse jarro aromal e seus vermes cor de vinho!
(A avidez do obscuro é que me estorva.)

*

Os rios começam a dormir pela orla.

*

Pois o que disse Joyce foi que o arame farpado quem inventou foi uma freira, para amarrar na cintura dela quando viesse a tentação.

*

Essa abolia vegetal, sapal, pedral, não será de ele ter sido ontem árvore?

*

Um canteiro de larvas estrábicas, o brejo.

*

Baratas glabras se fedem nas dobras.

*

Restolho tem mais força do que o tronco. Isso é uma desteoria que ele usava. Depois: *Viva a ascensão do restolho!* (Palavras de Chico Miranda.)

*

Sapo nu tem voz de arauto.

*

O Peixe-Cachorro
Era um peixe esquisito pra cachorro:
Cruza de lobisomem com tapera?
Filho de jacaré com cobra d'água? Ou
Simplesmente cachorro de indumentos?

Era muito esquisito para peixe
E pra cachorro lhe faltava andaime.
Uma feição com boca de curimba
E o traseiro arrumado para entrega.

Se peixe, o rabo empresta ao liso campo
Um andar de moréia atravancada.
Sendo cachorro não arranca a espada?

Difícil de aceitar esse estrupício
Como um peixe; ainda que nade.
Pra cachorro não cabe no possível.

*

Flores engordadas nos detritos até falam!

*

Sapos com rio atrás de casa atraem borboletas amarelas.

*

— Eu briguei *naquele* menino com uma pedra...
Crianças desescrevem a língua. Arrombam as gramáticas. (Como um cálice lilás de beco!)

*

Os grilos de olhos sujos se criam nos armazéns.

*

Bicho acostumado na toca, encega com estrela.

*

Eu havia de pedir desculpas sobre a esperança.
Olhares que pesavam malvas. Esterco fumegante. O sangue escuro como um corte áci-

do no vaso de uma rês. Tudo me perturbava.
E mais abaixo, sobre o estrado da cama, aquele cheiro de sol na boca atormentada de uma fêmea.

*

Ovo de lobisomem não tem gema.

*

Lagarto apressado atravessa o terreiro. Olho de angu.

*

No garfo da árvore seca uma casa de amassa-barro! Ele edifica com lama. A gula do podre influi em seus traços. Porém. No que edifica o sol tem raios túrgidos.

*

No lodo, apura o estilo, o sapo.

*

Ermo se toca em sanfona.

*

Raiz de caracol, no lodo, dilui-se.

*

Se tem pacu no rio, de manhã desventa.

*

Cortázar conta que quando alguma expressão o queria sujar, ele a camuflava. Assim: *espectador ativo*, virou *Hespectador Hativo*. Com essas vestimentas de H H, aquele lugar comum não o sujava mais.

*

Marandovás me ensinam, com seu corpo de
sanfona, a andar em telhas.

*

Formiga de bunda principal em pé de fede-
goso anda entortada.

*

De tarde, iminente de lodo, ia sentar-se no
banco do jardim. (Diminuíram o seu jardim
de quarenta roseiras e uns vermes).
Lesmava debaixo dos bancos. O homem sen-
tia-se em ruínas: um lanho em vez de torso
era sua metáfora.
As ruínas só serviam para guardar civilizações
e bosta de sapo.
Amava caracóis pregados em palavras.

*

Um rio tomado banho pelos tordos,
depura-se.

* * * * * *

7. A volta *(voz interior)*

Por aqui tudo é tudo plaino e bem ajeitado pra céu. Não há lombo de morro pro sol se esconder detrás. Ocaso encosta no chão. Disparate de grande este cortado. Nem quase não tem lado por onde a gente chegar de frente nele. Mole campanha sem gumes. Lugares despertencidos. Gente ficava isolado. O brejo era bruto de tudo. Notícias duravam meses. Mosquito de servo era nuvem. Entrava pela boca do vivente. Se bagualeava com lua. Gado comia na larga. Mansei muito animal chucro nesses inícios. Já hoje não monto mais. Não presto mais pra cavalo. Pulo não vedo nenhum. Sou traste de cozinheira. No enxurro parei aqui. Enganchei na pouca força. Dei rodeio neste quintal. Do mundo sei reunido, entretanto. Sou macaco pra lá de cipriano. Ninguém me engana com bolo. Nem me desvenda com caneta. Seráficas são as pedras. Serviço em roda de casa engorda é cachorro. Jogo canga e cambão pra cima. Raiz é que acha a lama pura. De tarde passarinho me decobre. Eu toco minha vida com setenta flautas. Beleza e glória das coisas o olho é que põe. Bonito é o desnecessário. É pelo olho que o homem floresce. Ver a tarde secando em cima de uma garça... Atrás das árvores tortas nascem as horas mais pristinas. E só debaixo do esterco besouros têm arrebóis. O que sei aprendi no galpão. Desde ir em égua. Leitura não tive quase. Não tenho apetrechos de idoma. Palavras não têm lado de amontar comigo, entretanto. Tudo tem seus lampejos e leiceços. A língua é uma tapagem. E tão subterrânea a instalação das palavras em meu canto como os silêncios conservados no amarelo.

***

8. A fuga *(voz interior)*

De Quarta-Feira tenho só feição. Gosto de moça praticada e de estribar comprido. Gosto de tordos com rio e de ocelados gaviões fumaça. Saí do poder de meu padrinho com 18 anos. Correr as cercas do mundo. E pois! Rosado não é o canto do sabiá que vem de longe? Fui no aceno do pássaro. Exceção não se abriu pra mim. Nadei sem água por baixo. No quartel fui anspeçada. Puxei muar de sargento. Vi bugiu tocar comércio. Tirei urinol de padre. Usei égua de sacristão. Peguei reza de empreitada. Hoje benzo bicheiras à distância. Desmancho mal de prepúcio. Porém uso os mistérios com cuidado. Porque ninguém não sabe ainda adonde que começa o fim do arcano nem o começo da roda. Hoje estou comparado com árvore. Sofrimento alcandorou-me. Meu olho ganhou dejetos. Vou nascendo de meu vazio. Só narro meus nascimentos. Sou trinado por lírio como os brejos. Eu tenho pretenções pra tordo. É nos loucos que grassam luarais. Sei muitas coisas das cousas. Hai muitas importâncias sem ciência. Sei que os rios influem na plumagem das aves. Que vespas de conas frondosas produzem mel azulado. E as casas com rio nos fundos adquirem gosto de infância. Isso eu sei de me ser. Falando é que não se entende. Difícil é pregar moringas em paredes. E totalmente eu prego. Caminho de urubu pois não tem pedras. Não somos com detrimentos. No mais são caracóis e cios de roseiras.

***

9. De calças curtas

Pôr freio em cachorro e montar de espora. Pealar porco no quintal. Correr na chuva de prancha. Pelotear passarinhos e soprar no cu dos semi-mortos a fim de que ressuscitem. Fazer besouro nadar em querosene. Plantar goiabeira com máquina-corpo. Cangar grilos. Fazer gato cabrestear. Regaçar lagarto assustado. Experimentar se cágado entorta mesmo chaira com o sesso. Dar banho de álcool em urubu e soltar com fogo pra ver incêndio no céu. Enfiar vento no cordão. Destarrachar o traseiro dos gafanhotos. Fazer retinir a luzerna dos vagalumes. Desemendar cachorro com água pelando. Passar taligrama no mato. Fazer barata dormir de costas. Assobiar com o subaco. Esfregar pimenta no olho do irmãozinho. Matar bem-te-vi a soco. Capar gato com caco de vidro. Sondar as priminhas no banho. Botar saracura na soga pra chamar chuva. Enfiar ferro em brasa na cona das jacaroas. Andar de árvore nos corixos. Espremer sumo de laranja no olho do sapo pra ver se arregala o horizonte. Arrolhar galinhas com sabugo. Botar coração de anu branco torrado na cabeça da namorada pra fim do corpo dela amolecer. Cortar procissão de formiga na força do mijo. Ouvir lesma foder na pedra.

***

10. Dos veios escatológicos

Na Vila não se praticavam latrinas. Donas desabavam em urinóis. E os homens no mato. Os porcos seguiam os homens pelos trilheiros que davam no mato. As lides de cagar facilitavam encontros de amor. A ponto de um viajante verter no caderno de notas. "Aqui as pessoas se filham no mato com vera competência, qual os porcos nas vielas, de forma que se pare espraiado e nascem crianças papudas e idiotas de igrejas como cupim." Lugar onde se fode e se caga no mato há de ser este!!! (Desse jeito!!! — com três pontos de admiração). Na hora do homem fazer força, quando a vaidade se acaba, justo aí chegavam os porcos famintos e lhes entrando nos homens por debaixo, saiam com eles nas costas, quando os não prostravam na própria obra. De forma que *sujos de suas obras*, como se lê no Eclesiastes. Montados ainda no porco, alguns homens entravam na Vila, na maior sem-graceira, com cara de cachorro que peidou na Igreja.

A fim de evitar tais vexames, depois de muito cranear, engenhoso cidadão e exemplar paroquiano, inventou o Pau-Pra-Porco. Instrumento esse de madeira medindo uma bengala de lorde, chanfrada a facão, com que os homens na hora de descomer bordoavam os porcos que os tentassem derrubar na própria plastra. O engenhoso paroquiano abastou-se em de-réis, e se tornou o rei do Pau-Pra-Porco. Com venda do mesmo nome no beco principal. Desse tempo pra cá ninguém mais apareceu na Vila montado no porco.

Na beira do Tanque da Praça da Matriz, o poeta Neco Caolho versava pras moças vergonhosas: "No dia em que me achei cagando ao vento..." bocagemente, ao de cócoras. Dava um prazer fróidico no sacristão em desmoçar as beatas dentro do Tanque, entre rãs prenhas. A égua velhaca da Praça só entregava pra ele. Era de ver a mansura da égua com o sacristão. Toda essa universal cristandade se transmitia pelo sangue.

Em 1926, o antropólogo Claude Lévy-Strauss de viagem por ali, notou a pobreza dos móveis que encontrou no interior das residências. Dois ou três mochos na sala, arames de estender roupas nos quartos servindo de armário, — e redes. Redes armadas por todos os cantos. Redes muitas de varandas artísticas, servindo de vasilhas de dormir e de sestear. No hábito de sestear ao mormaço do meio-dia se amulheravam e se filhavam também. A blandícia do mormaço engendrava crianças. Se usavam demais os dedos nos barrotes a fim de impulsionar as redes. Davam-se cópulas balançadas e refrescantes. Assim, os barrotes dos quartos sempre estavam furados. E por eles podiam-se ver as primas nos urinóis. Coisa imanente e afrodisíaca, que muito deve ter influído nas tendências voyeurísticas daquele povo. Bem como o hábito do guaraná que é bebida afrodisíaca, porém no seu ralar e não na substância da bebida. Eis que é no ralar que a mulher meneia os quadris. E o desejo dos homens provém do mover dos quadris. Coisa que eu não descreio.

Pois foi esse povo ladino sensual e andejo que um dia atrevessando o rio Taquari encheu de filhos e de gado o que se chama hoje, no Pantanal, a zona da Nhecolândia.

***

Pequena História Natural

1. *De urubu*

Aqui, no fim das enchentes, urubus andam de a pé. Quase nem precisam mais de avoar. Só caminham de banda, finórios, saltando de uma para outra carniça, lampeiros.

De outro modo, urubu é onipresente. Está em qualquer árvore do mundo em que debaixo dela um bicho morre.

No alto da árvore mais próxima, antes mesmo do bicho encomendar, urubu já discute, em assembléia com os primos, quem vai no olho, quem vai no ânus.

Apeiam depois na terra, supimpando, tirando um paladar de vinho, *usp usp*, ante-chupando os dentes...

Depois do banquete retornam às árvores, onde degustam, enviezam, revezam e se esvaziam — para comer de novo.

Urubus digerem e descomem em 12 minutos. E largam de ré sobre as folhas, o guspe branco deles na mais jubilosa caiação.

Assim, pau que urubu freqüenta seca daquele guspe ácido. Nem em baixo dessa árvore vinga mais nada. Como quando o cavalo de Átila passava.

Também filhote de urubu não pode ver gente que gumita branco. Tem nojo duvidá de homem. De certo nosso jeito a branco azeda o olho deles. E esse gumito de urubu tem acidez tão forte que dizem se pode alimpar alguidar com ele.

Sobre isso diz o livro. "Pessoa que comer carne de animal que morre, estará imundo até de tarde e desse modo se purificará." Isso está no Levítico. Urubu tem muita fiuza no Levítico.

— O caso eu aprendi de oitiva, xará. Oive de mi. Nenhuma voz adquire pureza se não comer na espurcícia. Quem come, pois, do podre, se alimpa. Isso diz o Livro.

Sujeito que entende, pois, de limpeza há de ser o urubu. Só ele que logra os vermes de frente. São entes muito sanitários. Conquanto que delimpam até o céu.

Como eles, sobre as pedras, eu cato restumes de estrelas. É muito casto o restume.

2. *Socó-boca-d'água*

Socó-boca-d'água meio que espicha seu corpo pra trás, como se quisesse conversar de costas; alonga o pescoço esgalgo, arregala o olho vermelho, e vê dos treze lados.

Tem fino ouvido de barata, esse pássaro. Não boceja nunca. Cisma até com a sombra das borboletas. E avista os perigos desde ontem.

Sempre alarmado, em cima do susto, como um galo que está viajando em canoa bêbada, não pára de vigiar destinos e motucas.

Ninguém tira retratos dele para enfeite. Não entra em jardins. Sonda a hora das cobras e dos grilos subjacentes. E não sabe se casa tem portas.

Se uma lontra ele vê, exorcisa. Pula de lado três passos. E pára atencioso, esgalgado. Logo adivinha o que tem na cabeça da lontra. E detona o alarme. Parece que sopra no mundo uma avena entupida de areia. Diante de tanto barulho, esse cachorro d'água se manda assustado.

O socó-boca-d'água é puro de corixo. Pantaneiro escarrado. Sabe onde mora o peixe desde quando por aqui era mar de xaraiés. E atrai os rubafos com seva de falenas.

Por cima dos camalotes, disfarçados, os socós-boca-d'água conversam como inocentes lavadeiras. Parecem a mãe dos peixes.

Súbito mergulha um. E aparece com o peixe no bico, de atravessado. O olho vermelho com lágrimas de água.

Engole sem guspe o peixe. O longo pescoço engrossa. Arregala muito o olho. Naquela comprida estrada que é o seu pescoço, a gente vê o peixe descendo. Vai agora salivado por uma gosma cinzenta.

Organiza depois um canto rachado para limpar a guela.

Desse pássaro ninguém sabe muito. Ouço que mora na gravanha, ou no gravanha. Sabendo ninguém o que seja gravanha.

A palavra é bonita e selvagem. Não está registrada nos léxicos. Ouço nela um rumor de espinheiro com água. Tem tudo para ser ninho e altar de um socó-boca-d'água.

3. *De tatu*

Folgam muito no cio, os tatus — como os cachorros. E formam acompanhamentos. A fêmea vai na frente, cheirando matinhos, a tatua. Logo fica de joelhos para o amor e chora esverdeado.

Em cima de sua femeazinha, o macho passa horas — como se fosse em cima de uma casa de tábuas. E ela fica submetida a ele, rezando naquela postura.

Protocolos que a natureza lhes deu para montar filhos são tântricos. A femeazinha espera paciente enquanto venta azul no olho dos patos.

Como certas dálias lésbicas, de estames carnudos, se entregam as tatuas ao gosto de filhar. Seviciadas e ávidas.

Reproduzem de cacho.

Daí já saem pelas campinas fazendo buracos. Há campinas furadas como ralos.

Na corrida, pega um buraco desses o cavalo, e se ajoelha no vento. Roda por cima do pescoço. E frecha de boca na macega, o vaqueiro.

Por isso não dispenso tatu quando acho no campo. Nem guenta faca esse bicho deletério. É ente morredor à-toa. Afogou nele um dedo só de aço, estrebuchou. Embolou. Não falou água. Cagou-se persignado; pedindo bênção. É bicho morredor à-toa. Sem aras nem arres. E chia fino quando o vaqueiro grosa a vara dele com faca.

Nas águas o tatu desaparece. Entra de ponta no cerrado. Diz-se que caiu na folha. Que folhou. De fato, nas águas todos folham, esses tatus!

4. *O quero-quero*

Natureza será que preparou o quero-quero para o mister de avisar? No meio-dia, se você estiver fazendo sesta completa, ele interrompe. Se está o vaqueiro armando laço por perto, em lugar despróprio, ele bronca. Se está o menino caçando inseto no brejo, ele grita naquele som arranhado que tem parte com arara. Defende-se como touro. E faz denúncias como um senador romano.

Quero-quero tem uma vida obedecida, contudo. Ele cumpre Jesus. Cada dia com sua tarefa. Tempo de comer é tempo de comer. Tempo de criar, de criar.

É pássaro mais de amar que de trabalhar.

De forma que não sobra ócio ao quero-quero para arrumar o ninho. Que faz em beira de estrada, em parcas depressões de terreno, e mesmo aproveitando sulcos deixados por cascos de animal.

Gosta de aproveitar os sulcos da natureza e da vida. Assim, nesses recalques, se estabelece o quero-quero, já de oveira plena, depois de amar pelos brejos perdida e avoadoramente.

E porque muito amou e se ganhou de amar desperdiçadamente, seu lar não construiu. E vai conceber no chão limpo. No limpo das campinas. Num pedaço de trampa enluaçada. Ou num aguaçal de estrelas.

Em tempo de namoro quero-quero é boêmio. Não aprecia galho de árvore para o idílio. Só conversa no chão. No chão e no largo. Qualquer depressãozinha é cama. Nem varre o lugar para o amor. Faz que nem boliviana. Que se jogue a cama na rua na hora do prazer, para que todos vejam e todos participem. Pra que todos escutem.

Não usa o silêncio como arte.

Quero-quero no amor é desbocado. Passarinho de intimidades descobertas. Tem uma filosofia nua, de vida muito desabotoada e livre.

Depois de achado o ninho e posto o ovo, porém, vira um guerreiro o quero-quero. Se escuta passo de gente se espeta em guarda. Tem parentesa com sentinela. Investe de esporão sobre os passantes. E avisa os semoventes de redores.

Diz-se que pula bala. Sei que ninguém o desfolha. Tem misca de carrapato em sua carne exígua. Debaixo da asa guarda esse acarino redoleiro pra de-comer dos filhotes.

De olhos ardidos, as finas botas vermelhas, não pode ver ninguém perto do ninho, que se arrepia e enfeza, como um ferrabraz.

Passarinho de topete na nuca, esse!

5. *De cachorros*

Biguá passeava no corixo, arregaçando água. Fazia avenida de tarde, o valsante!
Cachorro observa das margens, com olho gordo. Biguá costura o rio na frente do cachorro. Desliza de leve, remenda água de baixo pra cima. Desfila.
Cachorro espicha o olho miúdo. E súbito pula sobre a ave.
Biguá mergulha e aparece do outro lado.
Cachorro se desgoverna.
Biguá mergulha de novo. Aparece mais longe. Dá adeusinho.
Cachorro volta sem graça, rabo entre as pernas.
Biguá se despede. Sobe no sarã.
Cachorro desiste humilde.
Biguá se desfralda no sarã. Toma porre de sol.

6. *De quati*

Aparece um quati escoteiro. De certo perseguido de cachorro. No chão é ente insuficiente o quati. Imita ser baleado. O rabo desinquilibra de tanto rente na terra.
Agora, se alcança árvore, quati arma banzé. Arreganha. Monta episódio. E até xinga cachorro.
Igual é o tamanduá. Fora do mato, no limpo, tamanduá nega encrenca. Porém se encontra zamboada, vira gente. E desafia cachorro, onça pintada, tenente.

7. A *nossa garça*

Penso que têm nostalgia de mar estas garças pantaneiras. São viúvas de Xaraiés? Alguma coisa em azul e profundidade lhes foi arrancada. Há uma sombra de dor em seus vôos. Assim, quando vão de regresso aos seus ninhos, enchem de entardecer os campos e os homens.
    Sobre a dor dessa ave há uma outra versão, que eu sei. É a de não ser ela uma ave canora. Pois que só grasna — como quem rasga uma palavra.
    De cantos portanto não é que se faz a beleza desses pássaros. Mas de cores e movimentos. Lembram Modigliani. Produzem no céu iluminuras. E propõem esculturas no ar.
    A Elegância e o Branco devem muito às garças.
    Chegam de onde a beleza nasceu?
    Nos seus olhos nublados eu vejo a flora dos corixos. Insetos de camalotes florejam de suas rêmiges. E andam pregadas em suas carnes larvas de sapos.
    Aqui seu vôo adquire raízes de brejo. Sua arte de ver caracóis nos escuros da lama é um dom de brancura.
    À força de brancuras a garça se escora em versos com lodo?
    (Acho que estou querendo ver coisas demais nestas garças. Insinuando contrastes (ou conciliações?) entre o puro e o impuro, etc etc. Não estarei impregnando de peste humana esses passarinhos? Que Deus os livre!)

O GUARDADOR DE ÁGUAS
(1989)

I

O aparelho de ser inútil estava jogado no chão, quase
coberto de limos —
Entram coaxos por ele dentro.
Crescem jacintos sobre palavras.
(O rio funciona atrás de um jacinto.)
Correm águas agradecidas sobre latas...
O som do novilúnio sobre as latas será plano.
E o cheiro azul do escaravelho, tátil.
De pulo em pulo um ente abeira as pedras.
Tem um cago de ave no chapéu.
Seria um idiota de estrada?
Urubus se ajoelham pra ele.
Luar tem gula de seus trapos.

II

Esse é Bernardo. Bernado da Mata. Apresento.
Ele faz encurtamento de águas.

Apanha um pouco de rio com as mãos e espreme nos vidros
Até que as águas se ajoelhem
Do tamanho de uma lagarta nos vidros.
No falar com as águas rãs o exercitam.
Tentou encolher o horizonte
No olho de um inseto — e obteve!
Prende o silêncio com fivela.
Até os caranguejos querem ele para chão.
Viu as formigas carreando na estrada 2 pernas de ocaso
para dentro de um oco... E deixou.
Essas formigas pensavam em seu olho.
É homem percorrido de existências.
Estão favoráveis a ele os camaleões.
Espraiado na tarde —
Como a foz de um rio — Bernardo se inventa...
Lugarejos cobertos de limo o imitam.
Passarinhos aveludam seus cantos quando o vêem.

III

Nascimento da palavra:

Teve a semente que atravessar panos podres, criames
de insetos, couros, gravetos, pedras, ossarais de
peixes, cacos de vidro etc. — antes de irromper.

Agora está aberto no meio do monturo um grelo pálido.

Não sabemos até onde os podres o ajudaram nessa
obstinação de ver o sol.

Ó absconsos ardores!

É atro o canto com reentrâncias que sai das escórias
de um ser.

Os nascidos de trapo têm mil encolhas...

P.S. — No achamento do chão também foram descobertas
as origens do vôo.

IV

O que ele era, esse cara
Tinha vindo de coisas que ele ajuntava nos bolsos —
por forma que pentes, formigas de barranco, vidrinhos
de guardar moscas, selos, freios enferrujados etc.
Coisas
Que ele apanhava nas ruínas e nos montes de borra de
mate (nos montes de borra de mate crescem abobreiras
debaixo das abobreiras sapatos e pregos engordam...)
De forma que recolhia coisas de nada, nadeiras, falas
de tontos, libélulas — coisas
Que o ensinavam a ser interior, como silêncio nos retratos.
Até que de noite pôs uma pedra na cabeça e foi embora.
Estrelas passavam leite nas pedras que carregava.
Vagou transpedregoso anos.
Se soube que atrevessou Paris de urina presa.
Estudou anacoreto.
Afez-se com as estradas e o cheiro de ouro dos escaravelhos.
Um dia chegou em casa árvore.
Deitou-se na raiz do muro, do mesmo jeito que um rio
fizesse para estar encostado em alguma pedra.

Boca não abriu mais?
Arbora em paredes podres.

V

Eles enverdam jia nas auroras.
São viventes de ermo. Sujeitos
Que magnificam moscas — e que oram
Devante uma procissão de formigas...
São vezeiros de brenhas e gravanhas.
São donos de nadifúndios.
(Nadifúndio é lugar em que nadas
Lugar em que osso de ovo
E em que latas com vermes emprenhados na boca.
Porém.
O nada destes nadifúndios não alude ao infinito menor
de *ninguém*.
Nem ao *Néant* de Sartre.
E nem mesmo ao que dizem os dicionários: *coisa que
não existe*.
O nada destes nadifúndios existe e se escreve com letra
minúscula.)
Se trata de um trastal.
Aqui pardais descascam larvas.
Vê-se um relógio com o tempo enferrujado dentro.
E uma concha com olho de osso que chora.
Aqui, o luar desova...
Insetos umedecem couros
E sapos batem palmas compridas...
Aqui, as palavras se esgarçam de lodo.

VI

Chega de escombros centopéia antúria.
Estrepe enterrada no corpo a lacraia
Se engrola
Rabeja rebola
Suja-se na areia
Floresce como louca...
Gerânios recolhem seus anelos.
Está longe o horizonte para ela!

VII

Roupa-Grande aparece no trecho.
(Crianças não o diferenciam do ave joão-grande.)
Com seu enorme casaco ele encarde o crepúsculo.
Sabe os atalhos do chão.
Caminha espaceado, de metro em metro, como quem planta
    mandioca na roça.
(Quem anda curto é carancho — ele diz; mas também
    excreta curto.
Pato que guspe longínquo...)
Roupa-Grande alcandora mosca.
Com as mãos endireita Deus para ele.
O rio conta com os seus cuidados para descer as grotas —
    conta
Com as suas bênçãos, com os seus escapulários...
Ele mexe com planta e com épocas.
Usa o Livro de São Cipriano contra lascívia, mal de grotas,
    ferroadas de arraia, etc.

(Ferroada de arraia é só encostar o lugar ofendido em
   vaso de moça que o ferrão escurece...)
Um menino escaleno o acompanha.
Dorme no ombro dele um tordo arino.
Roupa-Grande fala de manso — como quem vai passando
   por dentro de uma nuvem...
Sangue de anta bebe por mês: serve na guampa o
   cor-de-rosa espumoso — a língua tomando espécie...
Conta que sangue de anta desempena traste de velho
Tresconta. Ri sobre as gengivas.
É homem proposto ao escárnio.
Arremeda que vai esperar o crepúsculo mais adiante
E se esquipa.
Uma árvore espera filhos dele.
Espessura de estrela o transparenta.

VIII

Idiotas de estrada gostam de urinar em morrinhos de
formigas. Apreciam de ver as formigas correndo de um
canto para outro, maluquinhas, sem calças, como as crian-
ças. Dizem eles que estão infantilizando as
formigas. Pode ser.

IX

Bernardo escreve escorreito, com as unhas, na água,
   O Dialeto-Rã.(*)

Nele o chão exubera.
O Dialeto-Rã exara lanhos.
Bernardo conversa em Rã como quem conversa em
    Aramaico.
Pelos insetos que usa ele sabe o nome das chuvas.
Bernardo montou no quintal Oficina de Transfazer
    Natureza.
(Objetos fabricados na Oficina, por exemplo:
Duas aranhas com olho de estame
Um beija-flor de rodas vermelhas
Um imitador de auroras — usado pelos tordos.
Três peneiras para desenvolver moscas
E uma flauta para solos de garça.)
Bernardo é inclinado a quelônio.
A córnea azul de uma gota de orvalho o embevece.

                          X

É o mais engenhoso estafermo.
Sem mexer com a boca ele tira ardor de pétalas!
Atrás de sua casa trabalha um tordo cego
E um rio emprenhado de rãs até os joelhos.
De manhã ouve frases do tordo.
Prende aragens de manga nos cabelos.
O lodo aceso das moscas —

---

* Falado por pessoas de águas, remanescentes do Mar de Xaraiés,
o Dialeto-Rã, na sua escrita, se assemelha ao Aramaico — idioma falado pelos povos que antigamente habitavam a região pantanosa entre o Tigre e o Eufrates. Sabe-se que o Aramaico e o Dialeto-Rã são línguas escorregadias e carregadas de consoantes líquidas. É a razão desta nota.

Guarda em vasos de pedra.
Ave pedras!
Um roxo a vegetal encorpa em seu casaco — o
mesmo roxo enfermo das violetas desmolhadas...
Sabe coisas por concha e água.
Cigarras lhe sonetam sobre outubro.
Esse homem,
Teria, sim,
O que a um poeta falta para árvore.

XI

De tonto tenho roupa e caderneta.
Eu sei desigualar por três.
Já gostei muito de mula
E Estação de Estrada de Ferro;
Depois troquei por anu-branco
E Estação de Estrada de Ferro.
Hoje gosto de santo e peneira.
Uma dona me orvalha sanguemente.
O que no alforje eu trago
É um azul arriscado a pássaros...
Eu sei o nome das letras.
E desenvolvo moscas em peneira.
Sou muito lateralmente entretontos.
O que desabre o ser é ver e ver-se.
Aragem cor de roupa me resplende.

XII

Ele tem pertinências para árvore.
O pé vai se alargando, via de calangos, até ser
raizame. Esse ente fala com águas.
É rengo de voz e pernas.
Se esconde atrás das palavras como um perro.
Formigas se mantimentam nas nódoas de seu casaco.
De um turvo cheiro órfico os caracóis o escurecem.
Um Livro o ensinou a não saber nada — agora já sabe.
Estrela encosta quase em sua boca descalça.

XIII

Já estão a relvar os trastes...
Crescem por cima de um homem, de seu casaco, de seus
óculos, de seus urinóis
E entopem seus vocábulos de luxúria e escória.
O homem está coalescente às coisas como um osso de ave.
Dão-lhe ênfase os destroços.
É ente desmanchado a monge.
Formigas o descobrem pela fé.
Olhando para o chão convê os vermes sendo-o.
O nada o aperfeiçoa.
(Mas isso não tem metafísica — como fechar um rio com
trinco.)

XIV

Tapera falou, tem assombração.
Ditado popular

Suporte de uma tapera é o abandono.
Aqui passeiam emas distraídas, com as suas moelas de
alicate, a comer suspensórios, cobras, pregos, maçarocas
de cabelo, cacos de vidro etc.
A ema esmera mais com vidros.
E não são feitas para elas as hirtas coxas das lagartixas?
Tapera tem as horas paradas.
É um território de aturdidos morcegos.
Baratas passeiam por seus luares...
Tapera é a coisa mais nua!
Tem perfeições de apagamento esse lugar.
Descem por seus escâncaros rubros melões-de-são-caetano.
Tapera só agüenta o esquecimento.
Teiús de amígdalas gordas dormem nas cinzas do fogão.
Cipós e teias amarram esse abandono.

XV

— Viventes de ermo o que são?
— Quando começamos a cavar um buraco no leito seco
do rio, os cascudos como que minavam das areias —
e eram escuros. Suponho que andavam por lá hibernados.
Agora se escondem por baixo de cascas podres.
Por baixo ds cascas podres, dizem, esses cascudos
metem. Tais informações foram sempre dadas por
devaneios, por indícios, por força de eflúvios.

— A partir da fusão com a natureza esses bichos se
tornaram eróticos. Se encostavam no corpo da natureza
para exercê-la. E se tornavam apêndices dela.
Ou seres adoecidos de natureza. Assim, pedras sonhavam
eles para musgo. Sapos familiarizavam eles com o chão.
Nenhuma coisa ficava sem órgãos ou locas.
Mudaram a brancura das chuvas e a extensão dos escuros.

— Tal como aos peixes, lhes foi dada uma fisiologia
especial — para que vivam nas águas, a esses viventes
de ermo lhes deram vozes batráquias, que repercutem
como algodão.

— As palavras invadem esse ermo como ervas. Todas as
coisas passam a ter desígnios. Não há o que lhes ande
por documentos. Enxergam borboletas apertando rios.
Escutam o luar comendo árvores. Trazem no centro da
boca pequenas caneletas por onde lhes correm o lanho
e o lodo. O chão dá encosto para as suas latas, seus
trevos, seus apetrechos. Arrastam no crepúsculo andrajos
e moscas. Criam peixes nos bolsos. Há cogumelos
paridos em seus ressaios. E vozes de rios e rãs em suas bo-
cas. Águas manuseiam seus azuis. E, viver roça no
corpo deles.

— E as palavras, têm vida?
— Palavras para eles têm carne aflição pentelhos — e
a cor do êxtase.

Passos para a transfiguração

I

Das vilezas do chão
Vêm-lhe as palavras
Chega têm ouro
Até. Chega libélulas.

MURMÚRIOS O RECITAM SOBRE A TARDE

II

Em suas ruínas
Homizia sapos
Formigas carregam suas latas
Devaneiam palavras

O ESCURO ENCOSTA NELES PARA TER
VAGALUMES

III

Anda lugares vazios
Em que inúteis
Borboletas o adotam
Por petúnias...

    UM RIO ESTICADO DE AVES O ACOMAPANHA

IV

Descobre-se com unção
Ante uma pedra
Uma árvore
Um escorpião

    PEDRAS APRENDEM SILÊNCIO NELE

V

Sonham os musgos
De o revestir.
É referente de conchas
A lua elide os véus pra ele.

    SEU OMBRO CONTRIBUIU PARA O HORIZONTE
                    DESCER

VI

Um desígnio a coisas
O eremisa.
Jias dormem gerânios
Com o seu rosto.

ELE CONCLUI O AMANHECER?

Seis ou treze coisas que eu aprendi sozinho

1.

Gravata de urubu não tem cor.
Fincando na sombra um prego ermo, ele nasce.
Luar em cima de casa exorta cachorro.
Em perna de mosca salobra as águas cristalizam.
Besouros não ocupam asas para andar sobre fezes.
Poeta é um ente que lambe as palavras e depois se alucina.
No osso da fala dos loucos há lírios.

2.

Com cem anos de escória uma lata aprende a rezar.
Com cem anos de escombros um sapo vira árvore e cresce
    por cima das pedras até dar leite.

Insetos levam mais de cem anos para uma folha sê-los.
Uma pedra de arroio leva mais de cem anos para ter murmúrios.
Em seixal de cor seca estrelas pousam despidas.
Mariposas que pousam em osso de porco preferem melhor as cores tortas.
Com menos de três meses mosquitos completam a sua eternidade.
Um ente enfermo de árvore, com menos de cem anos, perde o contorno das folhas.
Aranha com olho de estame no lodo se despedra.
Quando chove nos braços da formiga o horizonte diminui.
Os cardos que vivem nos pedrouços têm a mesma sintaxe que os escorpiões de areia.
A jia, quando chove, tinge de azul o seu coaxo.
Lagartos empernam as pedras de preferência no inverno.
O vôo do jaburu é mais encorpado do que o vôo das horas.
Besouro só entra em amavios se encontra a fêmea dele vagando por escórias...
A quinze metros do arco-íris o sol é cheiroso.
Caracóis não aplicam saliva em vidros; mas, nos brejos, se embutem até o latejo.
Nas brisas vem sempre um silêncio de garças.
Mais alto que o escuro é o rumor dos peixes.
Um árvore bem gorjeada, com poucos segundos, passa a fazer parte dos pássaros que a gorjeiam.
Quando a rã de cor palha está para ter — ela espicha os olhinhos para Deus.
De cada vinte calangos, enlanguescidos por estrelas, quinze perdem o rumo das grotas.
Todas estas informações têm soberba desimportância científica — como andar de costas.

3.

Ilhota de pedra no meio de um corixo é de nome sarã.
Amanhecer de um sarã tem gala! Eu assisto:
Martim-pescador, de repente, no alto da água, arregaça
    o cuzinho e solta sua isca de guspe.
Peixe vai ver o que foi aquele guspe: antepara!
De veloz arrojo martim-pescador frecha na água, e
    num átimo sobe —
O peixe atravessado no bico!
As águas remansam e rezam.
Que esse martim-pescador é fela.

4.

Tem quatro teorias de árvore que eu conheço.
Primeira: que arbusto de monturo agüenta mais formiga.
Segunda: que uma planta de borra produz frutos ardentes.
Terceira: nas plantas que vingam por rachaduras lavra
    um poder mais lúbrico de antros.
Quarta: que há nas árvores avulsas uma assimilação maior
    de horizontes.

5.

A água passa por uma frase e por mim.
Macerações de sílabas, inflexões, elipses, refegos.

A boca desarruma os vocábulos na hora de falar
E os deixa em lanhos na beira da voz.

6.

O coró é um bicho abléfaro — e sem engonços.
Habita encostado nos termos que lhe referem.
Tem o corpo transparente e lambe o próprio oco na
    fortuna
de que esse oco ainda seja a placenta em que morou.
O coró se suficienta.
Devora-se como um prato azedo de formigas.
E lambe até o algodão do nariz em que está morto.

7.

O rio atravessou um besouro pelo meio — e uma falena.
Era um besouro de âmbar, hosco
E uma falena de Ocaso. O besouro
Enfiou na falena seu aguilhão
E a trouxe para seu esconderijo.
Depois esplendorou-a toda antes de comê-la.

8.

Uma chuva é íntima
Se o homem a vê de uma parede umedecida de moscas;

Se aparecem besouros nas folhagens;
Se as lagartixas se fixam nos espelhos;
Se as cigarras se perdem de amor pelas árvores;
E o escuro se umedeça em nosso corpo.

9.

De noite passarinho é órfão
para voar. Não enxerga
nem o pai das vacas
nem o adágio dos arroios.
Seu olho de ovo emaranha com folhas.
No escuro não sabe medir direção e trompa nos paus.
Passarinho é poeta de arrebol.

10.

Em passar sua vagínula sobre as pobres coisas do chão, a
    lesma deixa risquinhos líquidos...
A lesma influi muito em meu desejo de gosmar sobre as
    palavras
Neste coito com letras!
Na áspera secura de uma pedra a lesma esfrega-se
Na avidez de deserto que é a vida de uma pedra a lesma
    escorre...
Ela fode a pedra.
Ela precisa desse deserto para viver.

11.

Tem asas mas não entoa.
Penso que o papel o aceite.
Cuido que não seja nada.
Quase que não abre olho.
Acho que será de pano.
Falam que passou de lata.
No lugar de haver boca está o espanto.
Ri por não ter rosto.

12.

Que a palavra parede não seja símbolo
de obstáculos à liberdade
nem de desejos reprimidos
nem de proibições na infância
etc. (essas coisas que acham os
reveladores de arcanos mentais)
Não.
Parede que me seduz é de tijolo, adobe
preposto ao abdômem de uma casa.
Eu tenho um gosto rasteiro de
ir por reentrâncias
baixar em rachaduras de paredes
por frinchas, por gretas — com lascívia de hera.
Sobre o tijolo ser um lábio cego.
Tal um verme que iluminasse.

13.

Seu França não presta pra nada —
Só pra tocar violão.
De beber água no chapéu, as formigas já sabem quem ele é.
Não presta pra nada.
Mesmo que dizer:
— Povo que gosta de resto de sopa é mosca.
Disse que precisa de não ser ninguém toda vida.
De ser o nada desenvolvido.
E disse que o artista tem origem nesse ato suicida.

14.

Lugar em que há decadência.
Em que as casas começam a morrer e são habitadas por
    morcegos.
Em que os capins lhes entram, aos homens, casas portas
    a dentro.
Em que os capins lhes subam pernas acima, seres a
    dentro.
Luares encontrarão só pedras, mendigos, cachorros.
Terrenos sitiados pelo abandono, apropriados à indigência.
Onde os homens terão a força da indigência.

Retrato quase apagado em que se pode ver perfeitamente nada

I

Não tenho bens de acontecimentos.
O que não sei fazer desconto nas palavras.
Entesouro frases. Por exemplo:
— Imagens são palavras que nos faltaram.
— Poesia é a ocupação da palavra pela Imagem.
— Poesia é a ocupação da Imagem pelo Ser.
Ai frases de pensar!
Pensar é uma pedreira. Estou sendo.
Me acho em petição de lata (frase encontrada no lixo)
Concluindo: há pessoas que se compõem de atos, ruídos, retratos.
Outras de palavras.
Poetas e tontos se compõem com palavras.

II

Todos os caminhos — nenhum caminho
Muitos caminhos — nenhum caminho
Nenhum caminho — a maldição dos poetas.

III

Chove torto no vão das árvores.
Chove nos pássaros e nas pedras.
O rio ficou de pé e me olha pelos vidros.
Alcanço com as mãos o cheiro dos telhados.
Crianças fugindo das águas
Se esconderam na casa.
Baratas passeiam nas formas de bolo...
A casa tem um dono em letras.
Agora ele está pensando —
    no silêncio líquido
        com que as águas escurecem as pedras...
Um tordo avisou que é março.

IV

Alfama é uma palavra escura e de olhos baixos.
Ela pode ser o germe de uma apagada existência.
Só trolhas e andarilhos poderão achá-la.
Palavras têm espessuras várias: vou-lhes ao nu, ao

fóssil, ao ouro que trazem da boca do chão.
Andei nas negras pedras de Alfama.
Errante e preso por uma fonte recôndita.
Sob aqueles sobrados sujos vi os arcanos com flor!

V

Escrever nem uma coisa
Nem outra —
A fim de dizer todas —
Ou, pelo menos, nenhumas.

Assim,
Ao poeta faz bem
Desexplicar —
Tanto quanto escurecer acende os vagalumes.

VI

No que o homem se torne coisal —, corrompem-se nele os
    veios comuns do entendimento.
Um subtexto se aloja.
Instala-se uma agramaticalidade quase insana, que
    empoema o sentido das palavras.
Aflora uma linguagem de defloramentos, um
    inauguramento de falas
Coisa tão velha como andar a pé.
Esses vareios do dizer.

VII

O sentido normal das palavras não faz bem ao poema.
Há que se dar um gosto incasto aos termos.
Haver com eles um relacionamento voluptuoso.
Talvez corrompê-los até a quimera.
Escurecer as relações entre os termos em vez de
    aclará-los.
Não existir mais rei nem regências.
Uma certa liberdade com a luxúria convém.

VIII

Nas Metamorfoses, em duzentas e quarenta fábulas,
    Ovídio mostra seres humanos transformados em
    pedras, vegetais, bichos, coisas.
Um novo estágio seria que os entes já transformados
    falassem um dialeto coisal, larval, pedral etc.
Nasceria uma linguagem madruguenta, adâmica, edênica,
    inaugural —
Que os poetas aprenderiam — desde que voltassem às
    crianças que foram
Às rãs que foram
Às pedras que foram.
Para voltar à infância, os poetas precisariam também de
    reaprender a errar a língua.
Mas esse é um convite à ignorância? A enfiar o idioma
    nos mosquitos?
Seria uma demência peregrina.

IX

Eu sou o medo da lucidez.
Choveu na palavra onde eu estava.
Eu via a natureza como quem a veste.
Eu me fechava com espumas.
Formigas vesúvias dormiam por baixo de trampas.
Peguei umas idéias com as mãos — como a peixes.
Nem era muito que eu me arrumasse por versos.
Aquele arame do horizonte que separava o morro do céu
    estava rubro.
Um rengo estacionou entre duas frases.
Uma descor,
Quase uma ilação do branco.
Tinha um palor atormentado a hora.
O pato dejetava liqüidamente ali.

Beija-flor de rodas vermelhas

Imprestável seria: um pássaro

Ter corola?

Um beija-flor de rodas vermelhas?

— E as aves que sonham pelo pescoço?

*

Os adejos mais raros se escondem nos emaranhos.

*

Formigas botaram ovo
Nuas, sem cortinas...
Na aba de um capuz roto

Agosto estava por um trevo!

*

Silêncio a gerânios
Iluminamente
Aves de ilhas trazem perfumes vermelhos

*

Nas petúnias
a lua
delonga...

Uma certa cor torta espera abril

*

Rola uma vespa na estrada
— morta e enformigada —
Aranhas a tecem com pontos de orvalho

*

Folha seca viaja
pelo rio — um rã sentado nela
escolhe nuvens

Nas nuvens um incêndio de garças

*

Cigarras franzem a hora
Libélulas pensam dálias...

*

CONVERSAS POR ESCRITO
(Entrevistas: 1970 - 1989)

1.

SOBREVIVER PELA PALAVRA

a José Otávio Guizzo
Revista *Grifo*, Campo Grande, MS.

P. *Como é que começou a fazer poesia; que elementos influenciaram a sua formação poética?*

R. Acho que foi a minha inaptidão para o diálogo que gerou o poeta. Sujeito complicado, se vou falar, uma coisa me bloqueia, me inibe, e eu corto a conversa no meio, como quem é pego defecando e o faz pela metade. Do que eu poderia dizer, resta sempre um déficit de oitenta por cento. E os vinte por cento que consigo falar, não correspondem senão ao que eu não gostaria de ter dito, — o que me deixa um saldo mortal de angústia. Mesmo desde guri, no colégio, descobri essa barreira em mim, que não posso vencer. Sou um bom escutador e um vedor melhor. Mas só trancado e sozinho é que consigo me expressar. Assim mesmo sem linearidade, por trancos, por sugestões, ambíguo — como requer a poesia.

Sobre elementos que influenciaram a minha formação, afora essa inaptidão para o diálogo, talvez um sentimento dentro de mim do fragmentário, laços rompidos, o esborôo da crença ainda na adolescência, saudade de Deus e de casa, ancestralidade bugra, nostalgia da selva, sei lá. Necessidade de reunir esses pedaços decerto fez de mim um poeta. A incapacidade de agir também me mutila. Sou pela metade sempre, ou menos da metade. A outra metade tenho que desforrar nas palavras. Ficar montando, em versos, pedacinhos de mim, ressentidos, caídos por aí, para que tudo afinal não se disperse. Um esforço para ficar inteiro é que é essa atividade poética. Minha poesia é hoje e foi sempre uma catação de eus perdidos e ofendidos. Sinto quase orgasmo nessa tarefa de refazer-me. Pegar certas palavras já muito usadas, como as velhas prostitutas, decaídas, sujas de sangue e esterco — pegar essas palavras e arrumá-las num poema, de forma que adquiram nova virgindade. Salvá-las, assim, da morte por clichê. Não tenho outro gosto maior do que descobrir para algumas palavras relações dessuetas e até anômalas.

P. *Basicamente você pertence à Geração 45. Quantas fases atravessou sua poesia?*

R. Acho que não pertenço à Geração 45 senão cronologicamente. Não sofri aquelas reações de retesar os versos frouxos ou endireitar sintaxes tortas. A mim não me beliscava a volta ao soneto. Achava e acho ainda que não é hora de reconstrução. Sou mais a palavra arrombada a ponto de escombro. Sou mais a palavra a ponto de entulho ou traste. Li em Chestov que a partir de Dostoievsky os escritores começam a luta por destruir a realidade. Agora a nossa realidade se desmorona. Despencam-se deuses, valores, paredes ...

Estamos entre ruínas. A nós, poetas destes tempos, cabe falar dos morcegos que voam por dentro dessas ruínas. Dos restos humanos fazendo discursos sozinhos nas ruas. A nós cabe falar do lixo sobrado e dos rios podres que correm por dentro de nós e das casas. Aos poetas do futuro caberá a reconstrução — se houver reconstrução. Porém a nós, a nós, sem dúvida — resta falar dos fragmentos, do homem fragmentado que, perdendo suas crenças, perdeu sua unidade interior. É dever dos poetas de hoje falar de tudo que sobrou das ruínas — e está cego. Cego e torto e nutrido de cinzas. Portanto, não tenho nada em comum com a Geração 45. E, se alguma alteração tem sofrido a minha poesia, é a de tornar-se em cada livro, mais fragmentária. Mais obtida por escombros. Sendo assim, cada vez mais, o aproveitamento de materiais e passarinhos de uma demolição.

P. *Mestre Drummond não acredita em inspiração e o célebre Mário de Andrade dizia: "Desapareceram os artistas do verso, e o que é pior, a poesia virou inspiração". Como se dá em você o processo criativo de um poema?*

R. Acho que inspiração é um entusiasmo para o trabalho, um estado anímico favorável à poesia, mas não chega por si só a fazer arte. Seria, quando muito uma erupção sentimental, brotoeja, esguicho romântico, soluço de dor de corno, etc etc. Seria, quando muito, material sobre que trabalhe o artista — como para o oleiro é o barro. Poeta tem de imprimir sobre esse barro a sua técnica, escolhendo, provando, cortando as palavras, até que as coloque à sua feição e ganhe uma estrutura própria, com um sentido, um som e um rítmo próprios. Poesia não é feita de sentimentos, mas de palavras, palavras, palavras — já se repetiu tanto.

P. *Você acredita na falência das palavras como forma de comunicação? Que pensa à respeito da poesia semiótica?*

R. Enquanto o mundo parir uns tipos hipobúlicos feito, por exemplo, Fernando Pessoa, resguardados pela timidez e incapazes de uma ação — as palavras não morrerão. Essas criaturas não têm outra forma de ação senão em cima das palavras. Obsessiva e sadicamente as trabalha, dobrando-as até seus pés, arrastando-as no caco de vidro, até que elas sejam eles mesmos. Até que elas deem testemunho da presença deles no mundo. Quase sempre as criaturas que nascem repositórios de chão e de estrelas, precisam fabricar semânticas. E ainda outras que moram ruínas viçosas por dentro, se agarram nas palavras para sobreviver.

P. *A poesia é necessária? Quais as funções da poesia no mundo atual?*

R. A mim me parece que é mais do que nunca necessária a poesia. Para lembrar aos homens o valor das coisas desimportantes, das coisas gratuitas. Vendem-se hoje até vistas para o mar, sapos com esquadrias de alumínio, luar com freio automático, estrelas em alta rotação, laminação de sabiás, etc. Há que ter umas coisas gratuitas pra alimentar os loucos de água e estandarte.

Quanto às funções da poesia... Creio que a principal é a de promover o arejamento das palavras, inventando para elas novos relacionamentos, para que os idiomas não morram a morte por fórmulas, por lugares comuns. Os governos mais sábios deveriam contratar os poetas para esse trabalho de restituir a virgindade a certas palavras ou expressões, que estão morrendo cariadas, corroídas pelo uso em clichês. Só os poetas podem salvar o idioma da esclerose.

Além disso a poesia tem a função de pregar a prática da infância entre os homens. A prática do desnecessário e da cambalhota, desenvolvendo em cada um de nós o senso do lúdico. Se a poesia desaparecesse do mundo, os homens se transformariam em monstros, máquinas, robôs.

P. *Qual a matéria de sua poesia?*

R. Os nervos do entulho — como disse o poeta português José Gomes Ferreira. Tudo aquilo que a nossa civilização rejeita, pisa e mija em cima — é também matéria de poesia — eu repito. Só bato continência para árvore, pedra e cisco. Em estudo sobre *O Processo,* de Kafka, o humanista Gunter Anders, observa o amor de Leni pelos processados. Leni acha que a miséria da culpa os torna belos. Sua compaixão pelas vítimas é que a leva ao amor. De muita dessa compaixão é feita a poesia de nosso século. Um fundo amor pelos humilhados e ofendidos de nossa sociedade, banha quase toda a poesia de hoje. Esse vício de amar as coisas jogadas fora — eis a minha competência. É por isso que eu sempre rogo pra Nossa Senhora da Minha Escuridão, que me perdoe por gostar dos desheróis. Amém.

2.

COM O POETA MANOEL DE BARROS

a Martha Barros
para o *Correio Brasiliense*

P. *É mais importante em poesia o assunto ou o modo de dizê-lo?*

R. Tudo, creio, já foi pensado e dito por tantos e tontos. Ou quase tudo. Ou quase tontos. De modo que não há novidade debaixo do sol — e isso também já foi dito. "Os temas do mundo são pouco numerosos e os arranjos são infinitos". — falou Barthes. Então, o que se pode fazer de melhor é dizer de outra forma. É des-ter o assunto. Se for para tirar gosto poético, vai bem perverter a linguagem. Não bastam as licenças poéticas, é preciso ir às licenciosidades. Temos de molecar o idioma para que ele não morra de clichês. Subverter a sintaxe até a castidade: isto quer dizer: até obter um texto casto. Um texto virgem que o tempo e o homem ainda não tenham espolegado. O nosso paladar de ler anda com tédio. É preciso propor novos enlaces para as palavras. Injetar insanidade nos verbos para que transmitam aos nomes seus delírios. Há que se encontrar a primeira vez de uma frase para ser-se poeta nela. Mas tudo isso é tão antigo como menino mijar na parede. Só que foi dito de outra maneira.

P. *O que é bem molecar o idioma?*

R. Com Buñuel, um perneta se esforça para tirar da lama sua perna de pau. Com Charles Chaplin, Carlitos faz um cozido de sapatos, e dos cadarços, uma boa macarronada. Leio agora de um Fermino, em plena Idade Média, que carregava uma Igreja na cabeça para fazer pedra. Isto são *gags*. São alegres sandices cometidas com imagens. Eu faço *gags* com palavras. Assim: *entrar na prática do limo; O corgo ficava à beira / de um menino; Gramática Expositiva do Chão*. Poesia é também um pouco ser pego de surpresa pelas palavras. Amigo meu, certa vez, Nelson Nassif, poeta oral dito e ouvido, saiu-se com esta: *Hoje minha boca não está idônea para o beijo*. Tomei uma surpresa poética. Aquele adjetivo *idônea* saiu de seu habitual contexto de responsabilidade (cargo idôneo, firma idônea, etc.) e veio se encostar em uma boca! Entrou em contexto de volúpia. Molecou o idioma. Na verdade me preparei a vida inteira para fazer frases dementadas.

P. *A força rítmica e a sonoridade imprevisível intrínsecas em sua poesia é que fazem com que ela não precise necessariamente de ser entendida?*

R. Às vezes penso isso. Penso que meus versos se sustentam no fio do rítmo. Quero que as ressonâncias verbais dominem o semântico. Eu escrevo o rumor das palavras. Não tenho proporção para episódios.

P. *Antônio Houaiss disse que não conhece poeta que desconfie tanto de si e de sua poesia como M.B. É certo isso?*

R. Não tenho certeza mesmo quase nunca do que faço. Porque o faço com o corpo. E você sabe, sensibilidade é traideira. Às vezes tapa a visão. Eu sou demais coalescente às coisas. Não dá pra tomar distância de julgador. Os versos vêm de escuros. Meu caro Antônio Houaiss falou no certo — como sempre. Eu só tenho meus versos e a incerteza.

P. *Como é seu processo de criação?*

R. Como quem lava roupa no tanque dando porrada nas palavras. A escuma que restou no ralo vai ser boa para o começo. Depois é ir imitando os camaleões sendo pedra sendo lata sendo lesma. As palavras de nascer adubam-se de nós. Então no meio da coisa pode saltar uma clave ou um rato. Daí a gente tem que trabalhar. O horizonte fica longe que nem se vê. Um horizonte pardo como os curdos. Também faz parte desse processo desarrumar a cartilha. Seduz-me reaprender a errar a língua. Eis um ledo obcídio meu.

P. *Pessoas que leram seus poemas sempre me perguntam se o senhor não é um tresloucado loucão. Como explicar isso?*

R. Poeta é sempre um ser escaleno. São seres desconstruidos por suas palavras. Daí que as imaginações nutridas em suas obras, podem fazer retratos falsos deles. Alguns até são loucões mesmo. E se dissipam por bares e prazeres. Porém no geral os poetas são pessoas comuns que carregam embrulhinhos de pão às 6 horas da tarde pra casa, se encostam em árvores, cortam unha, puxam válvulas, etc. Mas tudo isso sem grandezas nem estandartes. Tal como um bobo-alegre que às três da madrugada sai se arrastando nos seus ruídos de relvas.

P. *Como vê a poesia sulmatogrossense?*

R. A julgar pelos rapazes da revista *Mugido*, logo teremos aqui uma exelente e renovadora poesia. Que se afastem esses rapazes de dois perigos: a necroverbose dos acadêmicos e a exuberância de nossa natureza. (Não fosse aqui o Pantanal) Da necroverbose, basta evitar contactos. E da exuberância da natureza basta ter cuidado para não se afogar em tanto *natural*. Quero dizer: é preciso evitar o grave perigo de uma degustação contemplativa dessa natureza, sem a menor comunhão do ente com o ser. Há o perigo de se cair no superficial fotográfico, na pura cópia, sem aquela surda transfiguração epifânica. A simples enumeração de bichos, plantas (jacarés, carandá, seriema, etc,) não transmitem a essência da natureza, senão que apenas a sua aparência. Aos poetas é reservado transmitir a essência. Vem daí que é preciso humanizar de você a natureza e depois transfazê-la em versos.

P. *Acusam de alienada a sua poesia. Que acha disso?*

R. Não sou alheio a nada. Não é preciso falar de amor para se transmitir amor. Nem é preciso falar de dor para transmitir o seu grito. O que escrevo resulta de meus armazenamentos ancestrais e de meus envolvimentos com a vida. Sou filho e neto de bugres andarejos e portugueses melancólicos. Minha infância levei com árvores e bichos do chão. Essa mistura jogada depois na grande cidade deu borá: um mel sujo e amargo. Se alguma palavra minha não brotar desse substrato, morrerá seca. "As correntes subterrâneas que atravessam o poeta, transparecem no seu lirismo", — disse Theodoro Adorno. E disse mais: "Baudelaire foi mais fiel ao apelo das massas do que toda a poesia *gente-pobre* de nossos tempos." Falo descomparando.

P. *Qual a matéria da poesia?*

R. Todas as palavras. Lata pedra rosa sapo nuvem — podem ser matéria de poesia. Só que as palavras assim *em es-*

tado de dicionário, não trazem a poesia ou a anti-poesia nelas, inerentes. O envolvimento emocional do poeta com essas palavras e o tratamento artístico que lhes consiga dar, — isso que poderá fazer delas matéria de poesia. Ou não fazer. Mas isso é tão antigo como chover.

P. *Quais os seus autores preferidos?*

R. Me agradam mais aqueles que se atrevem do que aqueles que se atém. Me encanto com os palhaços que se aproveitam das bobagens para pungir as verdades. Vou mais com o som áspero das cigarras do que com as melodias celestiais. Entre o ordinário e o insígne prefiro o ordinário. Gosto dos loucos de água e estandarte. Aqueles que urram de indignação prefiro aos dobradiços. Os que renovam a escrita prefiro aos que a imitam. Aqueles que mudam os dados do jogo resgatam meus goros.

P. *"Poesia não é para compreender, mas para incorporar". Pode explicar melhor esse seu verso?*

R. Porque é nos sentidos que a poesia tem fonte. Além do mais, esse é um verso, não é uma sentença. Poeta não tem compromisso com a verdade, senão que talvez com a verossimilhança. Não há de ser com a razão mas com a inocência animal que se enfrenta um poema. A lascívia é vermelha, o desejo arde, o perfume excita. Tem que se compreender isso? Ou apenas sentir? Poeta não é necessariamente um intelectual; mas é necessariamente um sensual. Pois não é ele quem diz *eu-te-amo* para todas as coisas? E esta desexplicação pode não fazer média com os estatísticos, mas faz com os tontos.

P. *O senhor não fala em público. Por que?*

R. Porque eu gosto de ser recolhido pelas palavras. E a palavra falada não me recolhe. Antes até me deixa ao relento. O jeito que eu tenho de me ser não é falando, mas escrevendo. Palavra falada não é capaz de perfeito. E eu tenho orgulho de querer ser perfeito. Assim, o verso de Felipe de Oliveira — *"A perfeição e o orgulho de pecar"*, me hipnotisa e me desvela. E essa dissimulação me esconde como um pé de sapato na sarjeta. (Um pé de sapato na sarjeta lembra mais o seu pobre dono.)

3.

UMA PALAVRA AMANHECE ENTRE AVES

a Antônio Gonçalves Filho
Folha de São Paulo

P. *Por que esse deliberado isolamento dos círculos literários e dos grandes centros?*

R. Não há, nunca existiu, deliberado afastamento. Quando meu pai morreu, em 1949, ficaram-me de herança umas terras no Pantanal de Corumbá. Meu primeiro impulso foi vender aquelas terras pra ficar no Rio. Mas minha mulher, que é filha de fazendeiros de Minas, me convenceu do contrário, e propôs vir comigo, enfrentar o Pantanal, e fundar nossa fazenda. Deixamos o grande centro e por aqui ficamos. Não foi difícil para a raiz pregar-se de novo na terra de origem. Ela, a raiz, no Rio estava plantada em vaso raso. Chegou então em sua terra e se deu bem. Meu isolamento literário já existia, mesmo vivendo nos grandes centros. Ele é fruto das sem-graceiras do meu temperamento.

P. *O senhor poderia fazer uma análise comparativa da poesia dos seus contemporâneos Cabral, Jorge de Lima, Murilo Mendes, Drummond? Como conseguiu se livrar da influência de Rosa?*

R. Poesia está sempre no escuro regaço das fontes. Sofro medo de análise. Ela enfraquece a escureza das fontes; seus arcanos. Desses grandes poetas, que admiro e leio com devoção, eu não faria análise nunca. Nem comparativa. Primeiro porque não sei decompor. Segundo: não tem segundo. A grande poesia há de passar virgem por todos os seus estupradores. Pode ser amada, nunca analisada. Hoje eu fiz uma palavra amanhecer entre aves. A frase não diz nada. Mas tem um toque insujeito a comparações.

P. *A física moderna, particularmente a mecânica quântica, se apropriou — indevidamente ou não — da linguagem poética, propondo equações com termos vagos tais como número quântico de estranheza. Como o senhor vê essa apropriação?*

R. Um desvio no verbo, pode produzir um assombro poético. E isso eu bem sei como funciona. Sou da família. O comércio mais íntimo com as palavras me ensina. Sei que urdir conotações dementes é saudável para a poesia. Agora eu não sei se a quântica aceita isso sem atolar na pedra.

Abraçado no peixe o silêncio da cobra nem falava! Fico pensando se a quântica aceita esse silêncio acima. Tenho medo. Acho que a quântica pode acabar tirando dos poetas um dos seus mais doces privilégios — que é o de exercer idiotices. E acrescento um pouco para consolo. Enquanto existir a força da indigência vegetal em alguém, — essa força comandará a linguagem desse ente para uma poesia sem máquina. Porque ele não saberá mexer com máquina. Seria uma coisa primal, é claro, mas seria uma força da natureza.

P. *Naturalmente é uma observação de caráter genérico, mas parte da produção poética brasileira revela uma relação quase fisiológica com a terra, mesmo entre autores fundamentalmente ligados a uma realidade urbana. O Senhor que saiu do Mato Grosso, quando jovem, retornando depois de muitos anos, sente essa relação inevitável?*

R. Urbanos ou não, é certo, estamos ligados fisiologicamente à mãe-terra. Ao nosso quintal. Ao quintal da nossa infância — com direito a árvores rios e passarinhos. O poeta promana desses marulhos. Nossa infância, explicou mestre Gilberto Freyre, ainda vai dar canga-pés nos ribeiros por muitos séculos. Nossos centros urbanos ainda não proíbem rios de correr e de ter peixes. E nem irão proibir que relvas cresçam nas encostas dos morros. Ou que as relvas cubram os lábios do chão. Água e chão amorosamente entram-se. O poeta se escura em natureza. E será um escravo da terra, fisiologicamente. Sendo essa uma escravidão redentora.

P. *O senhor costuma dizer que os poetas arejam a linguagem. Ainda é possível atribuir ao poeta uma tarefa tão árdua dentro de um sistema de signos cada vez mais incompreensíveis?*

R. Falava de uma linguagem de onde a sintaxe não foi abolida. Arejar seria fazer casamentos novos entre as palavras. Buscar contiguidades anômalas. Enverbar as insânias. Derrubar talvez das frases um pouco do insígne e lhes enfiar o ordinário dentro. Enfiar o idioma nos mosquitos — me repetindo.

P. *Entre o singularmente ordinário e o insígne, o senhor costuma dizer que prefere o ordinário, arrematando que a poesia não é para ser compreendida, mas incorporada. Devemos então incorporar o ordinário?*

R. Entre o poeta e a natureza ocorre uma eucaristia. Uma transubstanciação. Encostado no corpo da natureza o poeta perde sua liberdade de pensar e de julgar. Sua relação com a natureza é agora de inocência e erotismo. Ele vira um apêndice. Restará preso ao corpo, às lascívias, ao vulgar ao comum, ao ordinário. É nesse sentido transnominal que eu uso a palavra ordinário. Por daí que se pode dizer que as palavras de um poeta vêm adoecidas dele, de suas raízes, de suas tripas, de seus desejos. Ao leitor não resta que se incorporar. "O ordinário é uma auto-renúncia a favor do natural". (Li isso em Goethe, através de Thomas Mann).

P. *O Editor Ênio Silveira já comparou sua poesia à música de Erik Satie. É possível uma leitura analógica de seus poemas com Satie? Quais os compositores com os quais o senhor mais se identifica?*

R. Caracol é uma solidão que anda na parede. Aquele Erik Satie era um ser de irreverências que andava com desertos. Depois que o meu amigo Ênio Silveira escreveu aquilo, depois é que fui ouvir Satie. É sim meio moleca e meio trevo aquela música. Há uma peça de Satie que se chama *Trechos em forma de pera*, que eu cobicei tanto para título de um livro meu. Mas ele achou primeiro... Sou mais chegado a Bach, Brahms, Beetoven, mas isso é tão de momento! Tem hora sou Cartola, tem hora Lupiscínio Rodrigues, tem hora Bezerra da Silva. Sou um ouvidor sem nível.

P. *O filme de Joel Pizzini sobre o seu trabalho poético, mostra Manoel de Barros dividido entre o aventureiro nômade e o nostálgico sedentário de terno à procura de sua verdadeira identidade. Qual deles prevaleceu sobre o outro?*

R. Bom é inventar. Vou inventar. Há um silêncio parado banhando as moscas. Eu tenho nostalgia do aventureiro nômade, que eu nunca fui. Sou isso só de livro. Esse aventureiro anda agarrado em minhas palavras como craca. Quando uma palavra obtém um lado do poeta é que essa palavra está suja dele, de seus abismos, de sua infância, de seus escuros. Na infância conheci um Mário-pega-sapo, que tinha uma voz brenhenta e só era entendido pelas crianças e as putas do jardim. Eu era criança e o entendia. Esse ente me rendia encantos e estranhezas. Nunca mais pude esquecê-lo. Em toda a minha obra ele anda ainda com aqueles bolsos cheios de jias. Está no louco de água e estandarte. Está naquele João que desenhava no esconso e tinha o rosto trancado com dobradiças de ferro para não entrar cachorro. Está no moço que criava peixes na mão. Está no outro que não podia atravessar a rua sem apodrecer. Naquele ainda outro que batia continências para mosca. Está nos meninos ramificados de rios que me chamam, etc. etc. Em todos os meus versos ele está, esse andarilho, esse Mario-pega-sapo, — sendo sempre um rascunho de pássaro que não acabaram de fazer — como lembra Joel na fita.

P. *Seu novo livro O Guardador de Águas, que está sendo lançado pela Art Editora, começa com inovacação do nome de seu alter-ego Bernardo da Mata. O senhor poderia contar para os seus leitores quem é ele?*

R. Bernardo. Bernardo da Mata é um bandarra velho, andejo, fazedor de amanhecer e benzedor de águas. Ele aduba os escuros do chão, conversa pelo olho e escuta pelas pernas como os grilos. Ele é o que falta para árvore ser gente. Ele mora em minha fazenda em cujo quintal montou uma Oficina de Transfazer Natureza. Na Oficina, Bernardo constrói objetos lúdicos, fivela de prender silêncio, aparelhos de ser inútil, beija-flor de rodas vermelhas, etc. Coisas que estão expostas no livro. Agora ele está perdendo o contorno das folhas. Outro dia me disse que encontrou canoas encalhadas em avestruzes. Que benzeu as canoas. Achei uma nódoa de osga em seu casaco. Ele benzeu a osga. Admito que ele seja uma mistura de avena e urgo.

P. *O senhor carrega esse estígma de Poeta do Pantanal, como se de alguma forma obrigassem o poeta Manoel de Barros a carregar a bandeira da luta ecológica. Isso o incomoda?*

R. De jeito maneira que não me incomoda. Com esta natureza exuberante que tem o Pantanal é que eu luto. Luto para não ser engolido por essa exuberância. Às vezes a linguagem se desbraga; então, é abotoá-la. Fechá-la nas braguilhas. Fazer que se componha. Difícil é compor a exuberância. Ela escorre, é água. Escorrega, é lama. Apodrece, é brejo. Mas o artista tem que podar essa exuberância, tem que contê-la nas bragas, com vontade estética, numa linguagem com estacas. A expressão *poeta pantaneiro* parece que me quer folclórico. Parece que não contempla meu esforço linguístico. A expressão me deixa circunstanciado. Não tenho em mente trazer contribuição para o acervo folclórico do Pantanal. Meu negócio é com a palavra. Meu negócio é descascar as palavras, se possível, até a mais lírica semente delas. Nem uma, porém, se me entregou de nudez ainda.

4

PEDRAS APRENDEM SILÊNCIO NELE

a Turiba e João Borges
Revista *Bric-a-Brac*

P. *Sabe-se que antes de ler Oswald de Andrade você já praticava a sua agramaticalidade, suas subversões linguísticas. Isso vem de quê?*

R. Vem não sei de quê nem de onde. Mas posso inventar uma causa, uma versão que até poderá ficar chique. Estudei dez (10) anos em colégio interno. Interno é preso. Se você prende uma água, ela escapará pelas frinchas. Se você tirar de um ser a liberdade, ele escapará por metáforas. Bom, mas isso já é literatura. Ponhamos que fosse o *dão*, como disse Antônio, meu irmão, que é roceiro e ortógrafo. O *dom*, há de um dia escapar pelas frinchas. Longe de casa, no internato, eu não sabia o que fazer e fiz um aparelho de ser inútil. E comecei a brincar com ele. Não estudava, abúlico, amorfo, vivia me esgueirando. Um padre disse: — Não presta pra nada; há de ser poeta! Mas o que havia é que eu não enxergava as coisas no quadro negro, era míope. Depois me

botaram óculos e eu virei um menino alegre. O padre me
dava livros. Eu não gostava de refletir, de filosofar; mas os
desvios lingüisticos, os volteios sintáticos, os erros pratica-
dos para enfeitar frases, os coices na gramática dados por
Camilo, Vieira, Camões, Bernardes — me empolgavam. Ah,
eu prestava era praquilo! Eu queria era aprender a desobe-
decer na escrita. Esse desobedecer teria a ver com os dez anos
obedecendo bedéis, diretores, padres, muros que cercavam
o colégio? Os psicólogos podem até achar isso. Entretanto,
estou com o meu irmão Antonio — que aquilo era um *dão*.
Os textos daqueles camilos, vieiras etc me davam prazer
imenso. Descobri que era o que se chamava de prazer lite-
rário, prazer artístico. Entrei na onda de ler, sondando cons-
truções de frases. Veja uma contradição: aprendi a rebeldia
com os clássicos (ou isso não é contradição?). O professor
de português ensinava, por exemplo, que pleonasmo é uma
redundância que devemos evitar para bem escrever. Então
eu lia no clássico Bernardes: — *Ele é preciso que as almas
ardam*. Via que se não houvesse o *ele* pleonástico, a frase
não teria beleza. *Ele é preciso que as almas ardam* — que
lindo! *É preciso que as almas ardam* afirma a mesma coisa,
mas a frase não encanta. Essa era a manifestação de um gosto
— como andar de costas. Penso agora que aquele gosto te-
ria sido a primeira manifestação do ser poético em mim. Uma
rebeldia? Uma vontade de rupturas? Nos poetas há uma fon-
te que se alimenta de escuros. Coisas se movendo ainda em
larvas, antes de ser idéia ou pensamento. É nessa área do
instinto que o poeta está. A coisa ainda particular, corpo-
ral, ainda não generalizada nem mentada. Aquilo que mestre
Aristóteles falou: — *Todo conhecimento passa antes pelos
sentidos*. O poeta é o primeiro a tocar nos ínfimos. Nas pré-
coisas. Aí, quando peguei o Oswald de Andrade para ler,
foi uma delícia. Porque ele praticava aquelas rebeldias que
eu sonhava praticar. E aqueles encostamentos nos ínfimos,
nos escuros — que eram encostamentos de poetas. Foi Os-

wald de Andrade que me segredou no ouvido — *Dá-lhe, Manoel!* E eu vou errando como posso. Muito mais tarde eu li em Spitzer que *Todo desvio nas normas da linguagem produz poesia*. Seria o que eu procurava?

P. *Como funciona o diálogo poético entre você e os outros poetas? Quais são suas preferências? Há algum que tenha sido fundamental na sua formação?*

R. Só mais tarde, depois que me vi livre do internato, com 17 anos, talvez, foi que conheci o Oswald de Andrade — e Rimbaud. O primeiro me confirmou que o trabalho poético consiste em modificar a língua. E Rimbaud me incentivou com *Imense dérèglement de tous les sens*. Para um bicho do mato criado em quintal de casa, para um ente arisco, medroso das gentes e dos relâmpagos, bolinador de paredes pelas quais se esgueirava —, esse Rimbaud foi a revolução. Eu podia me desnaturar, isto é : desreinar de natureza. Eu seria desnaturado. Promíscuo das pedras e dos bichos. Eu era então cheio de arpejos e indícios de águas. Não queria comunicar nada. Não tinha nenhuma mensagem. Queria apenas me ser nas coisas. Ser disfarçado. Isso que chamam de mimetismo. Talvez o que chamam de animismo que me animava. E essa mistura gerava um apodrecimento dentro de mim. Que por sua vez produz uma fermentação. Essa fermentação exala uma poesia física que corrompe os limites do homem. Então o poeta poderia transmitir o seu adoecimento às coisas, ou às palavras que nomeiam essas coisas e que as movimentam. Falo daquele desregramento a que se referiu Rimbaud e que ilumina as nossas loucuras. E que perverte os textos até os limites mais fróidicos da palavra. Penso que os sub-textos e os intertextos resultam de uma perversão sensorial. A um poeta, habitar certos antros, faz frutos. E produz uma fala proteica. Ou, como em escritas se denominam, produz ambiguidades. Então, quando se transfigura algum artista, ele se desnatura, desreina de natureza, e consegue ser apenas uma pedra (que apenas *consiste* e não *existe*) e aí o artista se coisificou. Mas isso tudo é tão antigo como sombra de árvore. E o nosso Homero e o nosso Virgílio já tinham sido convidados para esse banquete. Mudando de assunto. Pelo meu temperamento de tímido, que é uma sem-graceira demais, nunca funcionou o diálogo pessoal entre mim e os outros poetas. Senão que só o diálogo livresco. Nunca tive nenhum poeta amigo pessoal de grande convivência. De amizade mesmo. Conheço-os assim meio de longe, de apontar com o dedo na rua: — Olha, aquele alí é o Drummond. Pois fico de mãos frias diante das pessoas que muito admiro. Por isso, certa vez, voltei da porta do poeta Manuel Bandeira. Bati na porta de seu apartamento na Esplanada do Castelo no Rio — e fiquei esperando trêmulo de emoção. E, como o poeta se demorasse a abrir a porta, despenquei correndo pelas escadas, seis ou sete andares, com o pulso a 120, de certo. Tremi quando me levaram a Rosa. E tremo ainda hoje para falar com o Millôr. Em livro sou íntimo deles, e os converso e os aprovo ou desaprovo, e rio com eles. Essa timidez em mim é intransponível e deve vir de um orgulho incurável e feio. Para acabar de informar esta parte, o que leio mais agora são Machado de Assis, a Bíblia e os dicionários. A mim me parece, falando ainda do tímido que sou, que esse tipo de gente tem sempre na frente uma parede. Uma parede que ele não consegue transpor. Eu tenho essa parede e desenvolvo uma espécie de consolo para esse confinamento. Todo mundo pensa que ficar de frente para uma parede é uma atitude mais pobre. Entretanto não é. Ficar de frente para uma parede desenvolve no ente outro sentido. Tem a riqueza de você poder ver essa parede a ponto de sê-la. Depende só do tempo que você ficou de frente para ela. Aos poucos a parede vai transferindo para você a sua (dela) mudez. Então, se a gente adquire a mudez transferida por uma parede, é certo que essa mudez aparecerá nos olhos e na boca. Uma coisa que ensinará para sempre sua boca a desertos. E isso não é uma parábola é o princípio das contradições humanas. Adquire-se pois um dom de percepção de ínfimos. Vou citar aqui apenas duas Percepções que eu tive hoje por estar de frente para uma parede. Primeira: *Lagarto escuma verde antes de foder*. Segunda: *Agosto estava por um trevo!* Então, muita coisa se pode ver desse ângulo, inclusive quando as frondes se noturnam...

P. *Manoel, sendo você um pantaneiro de roça e corixo, mas que também viveu no Rio 40 anos, viveu em Nova York, Paris, Itália etc, portanto você é mais da metade um citadino, mas a sua matéria-prima espiritual jamais deixou de ser o chão pantaneiro e as suas insignificâncias. Queria que você falasse um pouco dessas permanências.*

R. A única palavra citadina legítima que consta de meus arquissemas é *parede*. Raiz de parede é uma coisa forte em mim. Depois reparei que o cisco das enxurradas se juntava na raiz das paredes. Então parede há de ser responsável pela guarda do cisco. Pedi pra um amigo meu que é psicanalista pra não entrar de análise nesse negócio, porque eu tenho medo que apareça um adenoma. Meu Deus, adenoma de alma! As outras dez ou doze palavras que são meus arquissemas, vêm de minha infância. São elas árvores: sapo, lesma, antro, musgo, boca, rã, água, pedra, caracol. Acho que são as palavras que me comandam subterraneamente. Arquissema, aprendi de um filólogo, cujo nome não me lembro agora, são palavras logradas dos nossos armazenamentos ancestrais, e, que ao fim norteiam o sentido de nossa escrita. *Arqui*, derivado do grego *archos*, é aquele que comanda. Essas palavras chaves, portanto, orientam os nossos descaminhos. Orientam nossa obra a fim de que não fujamos de nós mesmos no escrever. Essas palavras procuram meus poemas, se oferecem no maior cio, e entram por eles dentro. Tudo para que eu não me afaste da minha *obscura verdade reprimida* — como lá disse Walter Benjamim. Esses meus arquissemas são da escória mais pura, coisas mesmo ordinárias, até sem as peças de baixo. Exceto boca. Boca é uma greta que tem raiz no chão. No chão do corpo onde estão a lascívia, o desejo, a luxúria, o erótico. Mas o que existe de mim nessas palavras é um bater de asas — e o não escapar. Esse bater de asas deixa umas nódoas na parede, umas pequenas manchas rotas de nós. Poeta em mim é pois um sujeito que se quer remendar. Ele quer remendar-se, ele quer redimir-se através dessas pobres coisas do chão. Escrevemos portanto comandados por forças atávicas, crípticas, arquetípicas ou genéticas. Assim, Kafka viu surgir sua arte de um sentimento de desamparo e, em toda sua obra, tentou redimir *a beleza do fracasso*, para redimir-se. Para remendar-se. Só Beckett não quer redimir nada. Beckett expõe com crueldade seus vermes de chapéus, seus pedaços de gente. Seu efeito é a pungência em nós. Ele ri de ser pedaços. E Gógol foi o primeiro que tentou redimir o *pobre-diabo*, nesse pobre Akáki Akakievitch, dando-lhe um lugar na literatura e um secreto amor debaixo do capote. Charles Chaplin redimiu os vagabundos fazendo de seu Carlitos um deus contemporâneo. O que eu descubro ao fim da minha *Estética da Ordinariedade* é que eu gostaria de redimir as pobres coisas do chão. Me parece que olhando pelos cacos, pelos destroços, pela escória eu estaria tentando juntar fragmentos de mim mesmo espalhados por aí —. Estaria me dando a unidade perdida. E que obtendo a redenção das pobres coisas eu estaria obtendo a minha redenção. (Só os fragmentos me unem?) Mas o que eu gostaria de dizer é que o chão do Pantanal, o meu chão, fui encontrar também em Nova York, em Paris, na Itália, etc. Contarei adiante umas historinhas sobre essas passagens pelas estranjas, que comprovam de certa forma um gosto meu por nadeiras. Em Nova York, onde vivi quase um ano, a maior coisa que vi foi *"una gota de sangre de pato bajo las multiplicaciones"*. No ano que estive lá saíra o livro de Lorca *Poeta en Nueva York*. Comprei o livro e lá encontrei esse verso da gota de sangue de pato. Madrugada de boemia o poeta sob arranha-céus vira, no asfalto, a gota. Era uma coisa ínfima, ordinária, mas que cresceu em sua emoção aquela madrugada. Seria a coisa mais infinita para o poeta naquela hora. Por toda a minha temporada naquela cidade, a mim pareceu também a coisa mais soberba. Dou para moer lírios com o olho tem dia. Desculpem-me. Mas o que dá dimensão às coisas é primeiro a alma, o olho da alma, e depois a metragem. Outra me aconteceu em Lisboa. Por uma frincha, no Mosteiro dos Jerônimos, onde fui conhecer o mausoléu do Frei Heitor Pinto, de quem lera o *Comentários aos Profetas Isaias, Ezequiel e Jeremias* — nesse Mosteiro, uma ervinha crescia sobre as pedras da História. Pelas fendas medievais a erva irrompia. (Abre-se a pedra para que o verde lha entre ao dentro?). Aquela pequena planta a sair pelo ventre do Mosteiro, me lembrou dos caminhos de uma palavra. Quanto tem uma palavra de romper em consciência e sub-consciência, antes de chegar ao papel! Pensei tudo isso e fiquei emocionado por toda a poesia de Fernando Pessoa e de Cesário Verde e de Mário Sá Carneiro. Era uma coisinha aquela erva, e que fazia chão no abdômen do Mosteiro. Então quero dizer que os meus viveres citadinos, ou civitantes, estão sempre cheios de um ver envesgado, cheio de vozes de rios e de rãs em minha boca. Também na visita que fiz à igreja de São Francisco de Assis, na Umbria, lá descobri um caderno de rascunho onde o ainda jovem Francesco apontava coisinhas da natureza. Guardei esta : *"As estrias de sol que aparecem nas borboletas, demoram cerca de nove horas para desaparecerem. É porque, de tarde, as borboletas começam a se preparar para receber o orvalho da noite, — e pois se escondem sob as frondes."* São Francisco de Assis já a esse tempo gostava de reparar na natureza. Essa foi a soberba façanha que recolhi na Itália. Em Paris também descobri, na Notre Dame, que os gravadores de vitrais da Idade Média, que eram homens do povo, usavam o silêncio concreto como recurso expressional. E, apenas com os reflexos do sol, os vitrais cantavam algumas epifanias e diziam poemas de São Francisco. Sobre os vitrais da Catedral, pude ainda ver uma lesma. Confesso que eu não era versado em lesma de Catedral. Mas alí reparei que a gosma da lesma se incorporava bem aos vitrais, que resplandeciam de uma cor ordinária. Houve um momento que me pareceu que a lesma e a gosma que ela transportava na barriga podiam acrescentar àquela obra de arte magnifica uma espessura do ínfimo. E que isso engrandeceria a Catedral. Mas isso não teve pertinência, eu creio, — como frondar é pertinência de ser árvore.

P. *Ó Manoel, desvenda-nos cá um segredo: um homem como você, com a sua inteligência e sua intuição pela magia da poesia; um homem que sabe das coisas; que tem uma obra fechada — "O Circulo da Ordinariedade" —; poemas que fizeram escola como "Peixe — Cachorro"; e que continua desconhecido para 99% dos brasileiros cultos — olha que não estamos falando em termos de massa não, mas do mundo da* intelligentsia *—; enfim, quase anônimo! Por que isso? Por que você foge tanto da fama, da glória? Seria medo ou simplesmente tática poética?*

R. Primeiro que não fujo da glória. Só não sei pegar ela. Para um amigo meu, Carlito Preto, certo marreteiro daqui propôs: - Carlito, vamos pro norte do Estado, lá é que o dinheiro corre... Carlito, não tendo jeito para pegar no dinheiro, respondeu: — Quá! pois aqui que o dinheiro está parado eu não pego nele, quanto mais lá que ele corre... — Carlito, lhe falta jeito para pegar na gaita. A mim me falta jeito para pegar na glória. Ela corre muito e fica no alto. Eu trato com trastes. E contrastes. Pra mim, ardentes são as coisas desimportantes. Mas gosto quando falam sobre minha poesia. Incho de orgulho. Igual aquele sapo que estava no brejo, veio um boi e lhe pôs a pata por cima. Outro amigo, vendo esse sapo apertado, pergunta: — Quê está fazendo aí, seu sapo? — Tô peando esse boi... respondeu. Penso que sou qual o sapo. Estufo muito e disfarço. *Orgulho estufa e desdenha honrarias.* Está no Livro. E este esquivar-se de falcão, só querendo estar livre para os vôos, — é o pior orgulho. Ele quer dizer assim: eu sou esquivo porque posso ser esquivo; porque não quero estar à mão de ninguém e não dependo de ninguém — sendo esse o orgulhar-se mais refinado. Que se disfarça com a máscara da virtude oposta, ou seja, da humildade. Então, em verdade, esse negócio de dizer "''eu só agüento o esquecimento'' é maneira de se exaltar. Esse desejo de apagar-se é, no fundo, um incêndio de orgulho. Preciso sempre de fazer essa catarse. Mas na verdade eu não tenho uma idéia clara sobre isso. Aliás eu não tenho uma idéia clara sobre nada. Sou uma coisa da natureza como uma árvore. Me guio pelo faro. Não serei nunca um poeta cerebral. Tenho um substrato de ambigüidades e disfarces em mim. Uma semente genética de desencontros que veio desaguar nessa esquisita coisa de ter orgasmo com as palavras. Tudo que repercute em mim de fora, faz alguma alquimia verbal onde me espojo. Acaba que sou repetidor de mim por isso. Não tenho forças para desencostar-me. E tudo que falo é sempre de mim que falo. Mas voltando à sua pergunta se seria por medo ou por tática poética que me escondo, digo que é por medo. Sempre publicava meus livros no Rio, me sentia um pouco desonrado, e corria para o Pantanal com medo de não acontecer nada. O que acontecia. Isto é: não acontecer nada. Aí eu ficava ferido, mal ferido, mal atirado, como um animal selvagem, e corria a fazer mais artes, agora com raiva, com despeito, ressentido. Esse ressentimento é que nutre meu tesão de escrever. É um gosto adstringente e ardido. Um gosto de-vez e de acme. Acho que se eu pegasse a glória, ficaria envaidecido, inchado e talvez parasse para contemplar-me. Ou ficasse lendo o que fiz para o resto da vida. Não é assim que os que se sentem realizados fazem? Daí, nunca mais que eu iria descobrir esta coisa que eu descobri hoje, que as *"lagartixas piscam para as moscas antes de havê-las"*. E nem nunca mais eu iria sentir que *andar perante corgos abre arpejos*. Meu gozo e meu gemer é no fazer. Esse fazer que vem mais da sânie do que da saúde. Que é um fazer solitário e estercorário — onde entram harpas, sapos, trolhas e o ovo do sol.

P. *Como é o seu processo de criação de um poema; qual o ponto de partida e qual o percurso até que ele ancore na página?*

R. Se estou em *estado de ânimo* vou enchendo uns cadernos com idioma escrito. Anoto tudo. Não tenho método nem métodos. Se encontro um caracol passeando na parede anoto. Uma coisa vegetal que nasce no abdômen de um muro, anoto. Falas de bêbados e de crianças. Resíduos arcaicos pregados na língua. Pedaços de coisas penduradas no ralo. Os relevos do insignificante. A solidão de Vivaldi. Corolas genitais. Estafermos com indícios de árvore. Vespas com olho de lã. Homem na mesa interrompido por uma faca. Pessoas afetadas de inúteis e de limos. Ovuras de larvas transparentes, mas antes de serem idéias. Desvios fonéticos, semânticos, estruturais, achados em leituras. Pessoas promíscuas de águas e pedras. Uma frase encontrada em Guimarães Rosa: — *A poesia nasce de modificações das realidades lingüísticas.* Para o poeta essa frase é uma epifania. Anoto guardadores de teriscos (mistura de teréns com cisco). Pessoas que têm gala em seu amanhecer. O osso de uma fala minada de harpas. Ponho no caderno tudo que habita à minha beira. Hesíodo. Lama gemente e ávida. Um útero em lanhos brancos. O próprio viveiro de ínfimos. Um canteiro de vermes estrábicos. No meu caderno, a lua encosta uma casa no morro — e a dorme. Existem muitas mágicas desse tipo. No começo era o verbo. O verbo era sem sujeito. Depois vieram as borboletas, as prostitutas e as virtudes teologais. Pintavam coisas rupestres com bisons. A esse tempo nem os Medas e nem os Persas conheciam bem os despejos dos esgotos. Esperavam Homero. Homens entravam e saíam dos crepúsculos carregando pedras para fazer pirâmides. O verbo foi se encarnando. Hoje o homem tem partes com peixe. E estuda a perfeição de seus aniquilamentos. Também eu ponho no caderno trastes, pregos enferrujados, formigas carregadeiras. Se a arte é o homem acrescentado à Natureza — como escrevia Van Gogh a seu irmão Theo — eu preciso de desreinar também. Preciso de ser de outros reinos: o da água, o das pedras, o do sapo. Tudo isso botava névoa no meu caderno. Alí até se enfecavam patos. Esse chão de poleiro perturba a ordem gramatical e o entendimento entre os homens. Anoto tropos. Palavras que normalmente se rejeitam eu caso, eu himeneio. Contigüidades anômalas seguro com letras marcadas em meu caderno. De repente uma palavra me reconhece, me chama, se me oferece. Eu babo nela. Me alimento. Começo a sentir que todos aqueles apontamentos têm a ver comigo. Que sairam dos meus estratos míticos. As palavras querem me ser. Dou-lhes à boca o áspero. Tiro-lhes o verniz e os vôos metafísicos. Corto o desejo de se exibirem às minhas custas. As palavras compridas se devem cortar como nós de lacraias. O verso balança melhor com palavras curtas. Os rítmos são mais variados se você trabalha com dissílabos, com monossílabos. Exemplo: — *Parou bem de frente pra tarde um tordo torto*.. São 30, são 50 cadernos de caos. Preciso administrar esse caos. Preciso de imprimir vontade estética sobre esse material. Não acho a clave, o tom da entrada. Não acho o tempero que me apraz. O rítmo não entra. Há um primeiro desânimo. Aparecem coisas faltando. Um nariz sem venta. Um olho sem lua. Uma frase sem lado. Procuro as partes em outros cadernos. Dou com aquele caracol subindo na escada. Era o mesmo do outro caderno que então passeava uma parede. Percebo que existe uma unidade existencial nos apontamentos. Uma experiência humana que se expõe aos pedaços. Preciso compor os pedaços. Meus cadernos começam a criar nódoas, cabelos. As ervas sobem neles. Certas palavras estão doentes de mim. Minhas rupturas estão expostas. Quem pode responder pelas rupturas de um poeta senão a sua linguagem? Tenho que domar a matéria. O assunto não pode subir no poema como erva. Desprezo o real porque ele exclui a fantasia. O erotismo do chão se enraíza na boca. Aproveito do chão assonâncias, rítmos. Aproveito do povo sintaxes tortas. Guardo sugestões de leituras. Estruturo os versos. E só dou por acabado um poema se a linguagem conteve o assunto nas suas devidas encolhas. As nossas particularidades só podem ser universais se comandadas pela linguagem. Subjugadas por um estilo. E isso é tão velho como abrir janelas. Acho, por fim, que jamais alcançaremos o veio da criação. As palavras embromam em vez de aclarar. O poço está cada vez mais escuro e mais fundo. Até a eternidade. Amém.

P. *A tradição poética do Oriente e do Ocidente está mais povoada de estrelas, lua, chuva, luz, nuvens, montanhas (nos hai-kais*, por exemplo, esses elementos estão muito presentes). Isso para ficar apenas nas palavras de sentido concreto. Você fez uma opção por lesmas e caracóis. Se Maiakovski era "Nuvem de Calças", o que é o poeta que cultiva o "Viveiro de ínfimos"? Que roupa você usa?

R. A garça aguça o pescoço para ouvir os perfumes do arroio. Certos adágios me dão idéia de arroio; outros me dão idéia de cristal — conforme sejam escritos por Chopin ou Mozart. Há uns répteis que não têm príncipe, segundo o Profeta Abacuc. Esses esfregarão a barriga na terra. Tenho um amigo andejo, nordestino da peste e da gota, Chico Miranda, que um dia lendo coisas de minha veia exclamou:
— Viva a ascensão do restolho! A frase teve duas leituras. Uma delas marxista. O leitor ideológico pensou: — Viva a ascensão do proletariado, dos humilhados e ofendidos, dos pobres-diabos. A gente estava em tempos de repressão e os poetas saíam por tropos. Mas a outra leitura era rasa e chã. Era mais poética do que política. Era inocente e sem mistura. Nela o restolho era mesmo o cisco, o telho, o restume. Vistas de um olho anômalo, que é o olho com que os poetas enxergam as coisas, aquele restolho estaria escrito em pauta errada. E a pauta errada seria a única pauta confiável de um poeta. Para meu amigo, o nordestino da peste, o Chico Miranda, aquela ascensão seria a ascensão da lesma. Da lesma que anda esfregando na escória sua vagínula libidinosa. E também a ascensão do réptil sem príncipe do profeta Abacuc. Pois andarejo outro, esse de arrebol, esse do Pantanal, contou-me que via albas em conchas. Ele era incorrido em conchas e via bem as albas nelas. E ensinava aos meninos que o seguiam que bastava encostar o rosto na terra que a gente escutava os cantos. Porque todo chão é concha. E tudo que vem do fundo de uma concha, quando nada, é alba. Porém o que a gente escutava eram formas enfermas do escuro. Foi assim que Bashô pôde ouvir *"a voz do pato va-*

gamente branca". Assim que Shakespeare pôde ver *"um homem montado no cavalo do vento"*. E assim que Maiakovski pôde ver uma *Nuvem de Calças*. Eles usaram o olho anômalo que os poetas usam. E escreveram em pauta anormal. Esse olho anômalo verá uma vespa encravada na lua. Verá um inseto seminal borrando seus verbos. Vai ver a pintura da voz nas pedras. Corolas genitais desenvolvidas em monturos. Fendas carnívoras de moscas. Formigas carregando pedaços de couro para seu azedal. E por baixo do couro as sevandijas fervilhando... O olho anômalo do poeta estará voltado para as coisas que não alcandoram. Daqui o que eu vejo é a mosca. E vejo os caracóis a passear sobre os muros cariados. Não sei se estou respondendo à pergunta ou se a estou desmanchando. *"Subir com as mãos vazias"*, é um satóri Zen. Acho que vou subir com as mãos vazias. Poesia pode ser que seja fazer outro mundo. *"Eu sou a videira, vós outros a vara; o que permanecer em mim dará frutos"*. Cristo está falando de um mundo novo que ele concebeu. Seu mundo poético, particular, de onde suas palavras nascem ungidas dele, de seus desejos, de sua carga genética milenar, dos Moisés, dos Abraãos, do profetas. Nascerá de sua boca um texto místico, um subtexto carregado de seus eflúvios. Suas palavras se elevarão até o sagrado. Penso que as palavras vindas de um olho anômalo de poeta, podem sagrar também a lesma. Podem sagrar a palavra caracóis. E o restolho terá ascensão. A boca estará ardente de chão. E as albas serão ouvidas em conchas. Minha roupa é o musgo. Revestir seres vivos é o sonho do musgo.

P. *Manoel, você foi também uma espécie de guia pantaneiro de Guimarães Rosa. O fluxo da linguagem do Sertão é diferente do refluxo do Pantanal, embora ambos — Sertão e Pantanal — pertençam à mesma categoria de terra-do-sem-fim. Manoel, por onde você subverteu Rosa?*

R. Andamos para ver a roça de mandioca. Tatu estraga muito as roças por aqui. *Há muito tatu, Manoel?* Eles fazem buraco por baixo do pau-a-pique, varam pra dentro da roça, revolvem tudo e comem as raízes. Remédio contra tatu é formicida. Fura-se um ovo, bota formicida dentro e esquece ele largado no solo da roça. Rolinha passa por cima e nem liga. Mas o tatu espuga, vem e bebe o ovo. Sente a fisgada da morte num átimo e sai de cabeça baixa, de trote para o cerrado, pensando na morte... Homem é igual, quando descobre sua precariedade, abaixa a cabeça. Já sabe que carrega sua morte dentro, seu formicida. *Essa é nossa condição* — Rosa me disse. Falou: *eu escondo de mim a morte, Manoel. Disfarço ela. Lembra o livro do nosso Alvaro Moreira? A vida é de cabeça baixa? Deveria de não ser* — ele disse. Chegamos perto da metafísica. E voltamos. Havia araras. Havia o caramujo perto de uma árvore. Ele disse: *Habemos lesma, Manoel.* Eu disse: caramujo é que ajuda árvore crescer. Ele riu. Relvas cresciam nas palavras e na terra. Rosa escutava as coisas. Escutava o luar comendo árvores. *E, como é o homem aqui, Manoel?* Eu fui falando nervoso. Ele queria me especular. O homem se completa com os bichos — eu disse — com os seus marandovás e com as suas águas. Esse ermo cria motucas. Por aqui não existem ruínas de civilizações para o homem passear dentro delas. Só bichos e águas e árvores para a gente ver. Não têm coisas de argamassa, ferragens destripadas do deserto, essas coisas que aparecem nos relentos da Europa. Aqui é brejo, boi e cerrado. E anta que assobia sem barba e sem banheiro. Rosa me olhou de esguelha. *E árvore, Manoel, o nome de algumas, você me dará?* Aqui o que sabemos é por instinto e por apalpos. Não é como o Senhor faz com as palavras. Ele me olhou mais ao fundo. — *Como sabe que eu mexo com palavras? Você é daqui, Manoel?* Sou pantaneiro de chapa e cruz. Sou puro de corixo e de vazantes. Ele quis me descobrir. Me empedrei. Quer saber qual o nome que tal árvore tem aqui. Quer saber o nome daquele passarinho que pula no brejo, cor de café, e como é que ele canta. A gente só sabe essas coisas por eflúvios, por ruídos, pelo faro. Mas sempre se pode errar pelo faro. Pensa que vai dar na guabiroba e dá no guaviral. A gente não sabe o cultural desses entes de folha e de asas. Só se sabe o natural. O que se vê. A cor do ovo que botam, o duro do vôo, a casca, a resina, os excrementos. Aqui toda árvore a gente chama de pé-de-pau. Menos aquelas de fazer cerca, madeira de lei, vinhático, aroeira, piqui, piúva. E mais aquelas de onde se tira medicina: para-tudo, nó de cachorro, mangava brava. E mais as qualidades de mel que dá no pé-de-pau: jati, manduri, borá, d'oropa, sanharão, mandaguari, arichiguana. *E passarinho, Manoel?* Rosa me especulava por trás do couro, como quem sonda urubu. Queria saber de um tudo. De avoador, eu disse, só urubu, garça, cracará — esses pássaros grandes. O resto quase é inominado. Passarinho pequeno é passarinho à-toa. Rosa sabia essas coisas, só estava me sondando. Falei para ele. Isso é como a gente não saber o nome de todas as pessoas que vão atravessando o Viaduto do Chá. Rosa estrelou sua risada. *É isso mesmo, Manoel! É tanta gente que não se sabe o nome. E passarinho é a gente daqui. E o tordo, qual é a letra do canto que ele canta? A música eu sei de cor, mas a letra eu não sei* — ele disse. A letra é assim: Primo com prima não faz mal, finca finca... *Oi tordo erótico, Manoel. Os lá de Minas têm mais compostura,* ele disse. E sapo, lá tem demais?, eu perguntei. *Tem quase menos que por aqui,* ele disse. *Mas os poucos que tem lá cantam mais bonito.* Queria me desafiar. Eu disse: Mas, Rosa, pode reparar uma coisa: no canto do nosso sapo tem uma curva luminosa... Rosa gostou. Nossa conversa era desse feitio. Ele inventava coisas de Cordisburgo. Eu inventava coisas do Pantanal. Rosa andou por aqui em junho de 1953. Já havia publicado *Sagarana* e estava consagrado. Não tinha fim a sua curiosidade. Dava ares de um rei, às vezes. Mas o rosto merecia anjo.

Eu tinha informações de seu gosto por línguas, idiomas. Traçava até línguas arrevezadas: checo, grego, aramaico, sei lá. Queria saber guarani. Foi no caderno, virou, virou, me perguntou. *Manoel, que quer dizer não tem nhamonguetá nem bugerê.* Tentei traduzir. Quer dizer: não tem conversa nem vira de lado. Isso é guaranês, falei de orelhada. Mas Rosa quer saber a origem, quer saber a explicação de tudo. Rosa se aplica nas palavras com o fundo indagar. Fica imaginando. Recorre a outras línguas de raízes tupi. Faz desenhos de letras no caderno. Excogita. Disse pra ele que o Pantanal quase teve um dialeto. Muitos anos os moradores ficaram isolados. Isto se fez uma ilha linguística. Palavras sofriam erosões morfológicas ou semânticas. Outras eram criadas. E algumas sumiam por serem de cidade. *Por exemplo, Manoel, uma palavra que sofreu erosão?* Aqui se mata uma capivara para comer e a primeira coisa que se faz é tirar da capivara a misca. A misca é uma catinga, um cheiro forte localizado no lombo de capivara. Muitos anos vivi com essa palavra, e agora sei. Rosa disse: *vem de almíscar, né?* Sim, vem de almíscar. Almíscar sofreu uma erosão nas duas margens e virou misca. De palavra o Rosa sabe tudo. E me explicou: *almíscar é uma substância odorífera... etc. E por que não se completou o dialeto, Manoel?* A ilha não é mais ilha. Agora caminhão atravessa, fordeco, avião. Mascate chega de carro, e o rádio desemboca músicas e falas estranhas. *Pode me dizer alguma expressão que ficou do dialeto, alguma invenção?* O verbo clarear, por exemplo. Aqui ele tomou um outro significado. Assim: clarear de uma pessoa, é fugir dela. A expressão vem de quando, nas corridas de cavalo, aquele que vai na frente, avança mais de um corpo sobre o outro. Se avança mais de um corpo, o cavalo faz luz dele para o outro. Quer dizer: clareia do outro. Para dizer que se deixou a namorada se fala: clareei dela. Rosa acha que se obedeceram as leis da formação de um dialeto. *E o folclore, Manoel?* Pantanal tem pouco folclore, pois se trata de pouso relativamente novo. Há quem misture folclore com bichos, coisas exóticas. Aqui não há nada exótico. Turista não precisa vir atrás de exótico. O que tem aqui tem em toda parte. Mas de folclore, que é outro departamento, tenho um amigo, Neto Botelho, que sabe das coisas, que informa sobre nosso monumento nessa área que é o cavalo. Cavalo é nosso enfeite, nosso instrumento de trabalho, nosso meio de transporte, nosso amigo, nossa arte. Com ele se ganha o pão, com ele se vai namorar. Ofereço ao Rosa um poema do Neto Botelho sobre um cavalo que teve:

"Tive um cavalo ruano
De nome Balança-os-Cachos
De cheirar e mandar guardar
Cavalo de confiança
Pegava em quarenta metros
Galardão de cola e ancas
Um ente desanormal
Coisa de prateleira
Ventena como o fedor
Não foi de ensebar serviços
Nem teve queda pra cangas
Pastor de primeira instância
Cavalo de putear delegado
Livre como as vertentes
Podia até lavar louças
Leve de patas que era
Só faltava ir no cinema."

Rosa tomou nota. Gravou na caderneta. Anos depois fui ver na Casa de Ruy Barbosa, onde se fazia exposição dos cadernos de Rosa, mas lá não encontrei o poema. Aliás vi poucas notas da viagem de Rosa ao Pantanal. Quis saber, ele, ainda, dos meus receios sobre as confusões com o exótico. Falei, falei demais, espichei. Dei a entender que se estava olhando o Pantanal só como uma coisa exótica. Um superficial para só se ver e bater chapa. Mesmo os que o cantavam em prosa e verso ficavam enumerando bichos, carandá, tuiuius, jacarés, sariemas; e que essa enumeração não transmite a essência do Pantanal, porém só a sua aparência. Havia o perigo de se afundar no puro natural, etc. Precisamos de um escritor como você, Rosa, para freiar com a sua estética, com a sua linguagem calibrada, os excessos de natural. Temos que enlouquecer o nosso verbo, adoecê-lo de nós, a ponto que esse verbo possa transfigurar a natureza. Humanizá-la. Rosa fez tudo isso alguns anos depois, dando a público o seu *Com o Vaqueiro Mariano*, um livro intenso de poesia e transfigurações. Dele recebi um exemplar dedicado. — *Olha aí, Manoel, sem folclore nem exotismos — como você queria*. Só vi Guimarães Rosa outras vezes na Divisão de Fronteiras de Itamaraty, e em sua posse na Academia, três dias antes de morrer. A *morte* que levava no corpo. E que nem pôde dessa vez esconder-se dela... Esse gênio eu conheci e tenho orgulho disso.

P. Com o seu livro *Dicionário do Ordinário* (ou *O Guardador de águas?*) você diz que fecha um ciclo, o ciclo da ordinariedade. Este foi o ciclo da lesma, da pedra, do sapo, das águas. E depois, Manoel, você abre um novo ciclo, ou aprofunda ainda mais este, publicando sua grande obra, um mini dicionário sobre palavras, dizeres, expressões pantaneiras?

R. Palavras têm sedimentos. Têm boa cópia de lodo, usos do povo, cheiros de infância, permanências por antros, ancestralidades, bosta de morcegos, etc. Não vou encostar as palavras lesma sapo pedra água. Pois elas são meus espelhos. Eu sou o narciso delas. A lesma que aparece repetidamente em meus escritos é uma coisa voraz que tem sempre a carne pregada em algum delírio meu. Águas são fêmeas de chão. E ambas, águas e chão, merecem o gosto de se entrarem. Também árvores tem atração por rios e por águas. Merecem o gosto de se darem. Meu olho entra nas águas sem roupa. Há que se por ao pé da árvore, que é um ser feminino, — um sapo, que é um ser masculino. Um sapo, um trolha ou um ser qualquer de pau. No texto, esse balança macho X fêmea, segundo Bachelard, produz a melhor poesia. Sinto que ainda sou capaz de fazer semânticas sobre o ordinário. Lagartas cegas comem fezes. Pessoas apropriadas ao desprezo me seduzem. Tive o cheiro de nascer entre árvores. O som de um lodo em êxtase me persegue. Quem tem vocabulário parco tem que substituir uns termos por miúdas mágicas. Boto rios no bolso. Prendo silêncios com fivela. Nascem cabelos em paredes, etc. Faço confiança nesses fazeres de ir descascando as palavras. E como chegar ao caroço, ao lírio seminal de cada uma? Como encontrar as funções todas de uma palavra? Assim é o homem neste desôlo. Nunca se vê completo. Há uma indigência bugral em mim que só aguenta espiar de cócoras. Sem agir. Não gosto de aprender novidades. Só gosto de me repetir pra criar minha linguagem. Resta sempre uma verdez primal em cada palavra. Cada palavra pode ser o germe de uma obscura existência. Fernando Pessoa deu à palavra *porradas* uma espessura pungente que ficará enquanto existir a língua portuguesa. *Meus amigos nunca levaram porradas/Todos são príncipes...* Cada espessura de uma palavra pode conter um lanho, um exílio, uma vileza. Independente da verdade — e até contra ela — o do que gosto mais é de fazer frase ao dente. Troco isso por verdades cientificas. E volto soma. Mistério tem mais camadas do que a ciência. Os arcanos florescem ...

P. *Manoel, vamos voltar àquela coisa do orgulho: você gostaria de ser candidato à Academia Brasileira de Letras? Afi-*

nal, você e o Mario Quintana mereceriam ser picados por esses marimbondos de fogo.

R. Meu irmão falava: você vai amortizando o vento por aí que eu vou no mato passar um telegrama para a namorada. E volto já. Eu me sentava na canoa para amortizar o vento e ele entrava no mato. Até hoje eu não sei bem o que seja amortizar um vento. Meu irmão falava que eu precisava de ficar segurando um graveto na mão com toda força. Eu ficava. Penso que não fosse coisa difícil, duvidá. Porque eu se desincumbia. Mais tarde em casa eu bem achei que aquele meu irmão não era forte das telhas. Pessoas fracas das telhas vazam palavras desencontradas. Entravam astúcias e artes naquele episódio de amortizar o vento. Entravam as nossas infâncias. E as nossas irresponsabilidades. Eu, dizer verdade, não tenho pendências para Academias. Porque me parece que elas tiram de nós aquelas irresponsabilidades. Talvez não se possa mais ficar de tarde, sentado numa canoa, amortizando o vento. A gente fica muito acadêmico. Mas não são todos. Vai daí que pode ser também por orgulho. Aquela história de *desdenhar honrarias*. Estou reparando que nesta resposta dei uma volta para disfarçar meu orgulho. Me vesti de farrapos. Ficou a bunda de fora.

Impresso na
ERCA Editora e Gráfica Ltda.
Rua Silva Vale, 870 - Cavalcante
Rio de Janeiro - RJ